# Die Magie der 12 Rauhnächte

Entdecke die Geheimnisse alter Bräuche und Rituale und nutze ihre reinigende Energie zur Regeneration von Körper, Geist und Seele



ANNA MAYHOFER

# Inhalt

# Vorwort

Wir leben in einer überaus hektischen Welt. Unsere Tage sind geprägt von Verpflichtungen. Wir kommen gar nicht zum Innehalten und Nachdenken. Doch tief in uns spüren wir die Sehnsucht nach etwas Anderem, etwas, das einen tieferen Sinn ergibt. Ganz besonders stark ist dieses Verlangen am Ende eines Jahres. Wir lassen das alte Jahr vor unserem inneren Auge Revue passieren, schauen uns an, was uns in unserer persönlichen Entwicklung weiter, unseren Zielen näher gebracht hat und was nicht. Wir nehmen uns vor, im neuen Jahr so manches besser zu machen oder ganz zu unterlassen. Statt aber unser Leben selbst in die Hand zu nehmen, lesen wir Horoskope, versuchen uns im Bleigießen oder träumen nur davon, was wäre, wenn?

Nur die wenigsten Menschen machen sich bewusst, dass sie mit dieser Rück- und Vorschau am Jahresende im Grunde nichts anderes tun als das, was unsere Vorfahren schon seit Jahrhunderten um diese Jahreszeit auch getan haben. Nur waren sie sich der reinigenden und transformierenden Kraft dieser besonderen Zeit bewusst. Sie füllten die Zeit zwischen den Jahren mit uralten Bräuchen und geheimnisvollen Ritualen, mit Mythen und überlieferten Legenden, Weissagungen und Prophezeiungen, um einen Blick in die Zukunft zu riskieren und sich auf das kommende Jahr vorzubereiten.

Diese Zeit hat einen Namen, der in Vergessenheit zu geraten droht: Rauhnächte – die Zeitspanne zwischen Wintersonnenwende und Anfang Januar. Je nach Region war der Zeitraum unterschiedlich lang. Besondere Bedeutung in allen Kulturen hatten die zwölf Nächte vom 25. Dezember bis zum 6. Januar. Und genau diese zwölf geheimnisvollen, mystischen Nächte erleben gerade eine aufregende Renaissance. Die Menschen erinnern sich wieder an die wohltuende Wirkung der alten Rituale wie auch Traditionen und nutzen sie als wertvolle Quelle der Besinnung und inneren Einkehr.

Dieses Buch möchte auch dich dazu einladen, die geheimnisvolle Magie der Rauhnächte zu entdecken und die einzigartige Gelegenheit zu nutzen, die dir diese Zeit bietet. Es nimmt dich mit auf eine Reise zu dir selbst. Es zeigt dir anhand der Mythologie und heutigen kreativen Auslegung, wie auch du die Rauhnächte nutzen kannst, um wieder zu deinem wahren Ich zu finden. Du lernst, dir bewusst Zeit zu nehmen für deine persönlichen Rituale, Reflexionen und Besinnung. Dies hilft dir dabei, einen tieferen Sinn und eine höhere Wahrheit für dich und dein Leben zu finden und gestärkt und erfüllt in ein neues Jahr zu starten, bereit für das, was kommen mag.

# Geheimnisvolle Rauhnächte: Einblicke in die Zeit der mystischen Nächte

Die geheimnisvolle Zeit der Rauhnächte fällt in die dunkelste Zeit im Jahr. Es ist, als würde man in das verborgene Reich der Mystik eintauchen. Es lässt sich leicht vorstellen, wie unsere Vorfahren sich in den dunklen Nächten gefürchtet haben müssen. Die Tage waren kurz und es gab noch kein elektrisches Licht. Einzig flackernde Feuerstellen erhellten die Nacht und warfen unheimliche Schatten an die Wände der einfachen Behausungen, die leicht für Geister und Dämonen gehalten werden konnten. Die Naturphänomene waren wissenschaftlich noch nicht entschlüsselt, und die Menschen mit Haut und Haaren schutzlos der Witterung ausgeliefert, der „rauen“ Witterung des Winters.

Die Vermutung liegt nahe, dass der Name Rauhnächte oder Raunächte, beide Schreibweisen sind erlaubt, von der rauen Witterung herrührt. Eindeutig geklärt ist die Herkunft des Wortes nicht. Es kann auch sein, dass damit die „rauen“ Gestalten gemeint waren, die für unsere Vorfahren in jenen dunklen Nächten im Winter ihr Unwesen trieben. Andere meinen, der Name beziehe sich auf den Brauch des Räucherns. Denn um die Weihnachtszeit wurden Häuser und Stallungen mit den unterschiedlichsten Hölzern, Kräutern und Harzen ausgeräuchert, um sie von bösen Geistern und Dämonen zu reinigen. Die Nächte hießen ursprünglich vielleicht „Rauchnächte“.

Geläufig ist auch der Begriff Losnächte oder Lostage. Jede der zwölf Nächte stand symbolisch für einen Monat des kommenden Jahres und war mit Orakeln und Weissagungen verknüpft. Dazu beobachteten die Menschen das Wetter, wie das Essen schmeckte, ob es in der Nacht besondere Vorkommnisse gab. Jede noch so kleine Begebenheit wurde zur Vorhersage für den entsprechenden Monat herangezogen. Das Wort „losen“ bedeutet in diesem Zusammenhang vorhersagen.

In dieser mystischen Periode fühlten unsere Vorfahren eine enge Verbindung zwischen der sichtbaren und unsichtbaren Welt, in der Geister und Dämonen ihre Macht entfalten konnten. Die Dunkelheit der langen Nächte, das Unbekannte und Unerklärliche, aber auch die harschen Naturphänomene erzeugten eine Aura der Bedrohung. Das macht deutlich, warum unsere Vorfahren diese Nächte mit großer Umsicht begingen, denn jedes unbedachte Handeln konnte Einfluss auf die zukünftigen Ereignisse nehmen. Um sich vor den mysteriösen Kräften zu schützen, die in dieser Zeit wirken konnten, entwickelten sie eine Vielzahl von Regeln, Bräuchen und Ritualen.

Diese Rituale sollten nicht nur das Böse abwehren, sondern auch positive Energien anziehen und die Verbindung zur überirdischen, nicht sichtbaren Welt stärken. Das Entzünden von Feuern, das Räuchern von Kräutern und das Aufstellen von Schutzsymbolen waren Wege, um die negativen Einflüsse von den Menschen, dem Vieh und den Häusern und Stallungen fernzuhalten. So schufen unsere Ahnen für sich ein Gefühl der Sicherheit in einer Zeit, die voller Mysterien und Unbekanntem, für sie geradezu Unheimlichem war. Diese Bräuche dienten nicht nur der Abwehr, sondern sie halfen unseren Ahnen auch, das Geheimnisvolle zu verstehen und in Einklang mit den kosmischen Kräften zu leben. In dieser dualen Betrachtung spiegeln sich die Wurzeln der Rauhnächte wider – eine Zeit des Schutzes vor dem Unbekannten und gleichzeitig eine Zeit der Einkehr und spirituellen Vertiefung.

Die lange Geschichte der Rauhnächte ist geprägt von Mythen, Traditionen, Bräuchen und Ritualen, die regional wie auch kulturell sehr unterschiedlich sind. Dazu gehören das Räuchern mit kostbaren Kräutern und Harzen, das Aufstellen von Rauhnachtsbäumen und Kränzen, das Befragen von Orakeln und gemeinsames Feiern und Singen. Jeder dieser alten Bräuche birgt eine symbolische Bedeutung in sich, die der Reinigung, dem Schutz und Wohlbefinden dient. Zudem stellt sie eine mystische Verbindung zur Natur und den kosmischen Kräften her. All diese Bräuche und Rituale markieren den Übergang vom alten ins neue Jahr - von etwas Altem zu etwas Neuem, hoffentlich Besserem.

## Historischer Hintergrund und kulturelle Bedeutung

Die Ursprünge der Rauhnächte reichen vermutlich bis in vorchristliche Zeiten zurück. Der genaue Ursprung lässt sich auch hier nicht ermitteln. Vermutet wird, dass der Zeitraum von Weihnachten bis zum Dreikönigstag auf den germanischen Mondkalender zurückgeht, in dem das Jahr 12 Monde mit insgesamt 354 Tagen hatte. Julius Cäsar führte im Jahr 45 vor

Christus den heutigen Sonnenkalender mit 365 Tagen und alle drei Jahre ein Schaltjahr mit 366 Tagen ein. Also gab es plötzlich elf Tage beziehungsweise zwölf Nächte mehr im Jahreslauf. Für die Menschen waren das „die Tage außerhalb der Zeit". Und damit eine Zeit des Übergangs, in der die Grenzen zwischen der sichtbaren und unsichtbaren Welt verschwammen und sich die Schleier zwischen den Welten hoben.

In den alten Kulturen waren die Wintersonnenwende und der Jahreswechsel besondere Ereignisse, die von tiefen spirituellen und kulturellen Überzeugungen begleitet waren. Die Menschen in vorchristlicher Zeit waren stark mit der Natur und den natürlichen Zyklen verbunden. Die Wintersonnenwende markierte einen Wendepunkt, an dem die Tage wieder länger wurden und sich das Wiedererwachen der Natur ankündigte. Auch die Sonne spielte als Symbol des Lebens und der Wärme eine zentrale Rolle. Sie war die kosmische Kraft, die das Leben auf der Erde ermöglichte, die die Dunkelheit besiegte und Wachstum und Fruchtbarkeit mit sich brachte. In vielen Kulturen wurde deshalb zur Wintersonnenwende ein Fest zu Ehren der Sonne gefeiert. Wintersonnenwende und der Jahreswechsel stellten einen Neubeginn dar, den die Menschen nutzten, um das vergangene Jahr zu reflektieren, sich von alten Mustern zu lösen und sich auf das Kommende vorzubereiten.

Nicht nur die Sonne wurde in dieser Phase des Übergangs verehrt, sondern auch Geister, Ahnen und mystische Wesenheiten. Unsere Vorfahren glaubten fest daran, dass die Grenzen zwischen der sichtbaren und unsichtbaren Welt in dieser Zeit durchlässiger waren und die Geister der Verstorbenen die Erde besuchen konnten. Um sie zu ehren und die Gunst der bösen Geister und Dämonen zu gewinnen, wurden die unterschiedlichsten Rituale durchgeführt sowie Opfergaben dargebracht. Viele dieser Rituale hatten reinigenden und schützenden Charakter. Negative Energien sollten vertrieben, das Zuhause gereinigt und geschützt werden. Diese Rituale dienten dazu, einen Neuanfang zu ermöglichen und die positiven Energien zu fördern.

Einmal abgesehen davon, dass die damals noch nicht entschlüsselten Geheimnisse der Natur die Menschen an Geister und Dämonen glauben ließ, hatten sie - pragmatisch betrachtet - im Winter viel Zeit für Feste und Feiern. Schließlich gab es auf den Feldern bei Eis und Schnee nichts zu tun. Die Ernte war eingebracht und Haus und Stallungen auf den Winter vorbereitet. So nutzte man die Gelegenheit eben, um beisammenzusitzen und zu feiern. Die Rauhnächte umfassen also nicht nur spirituelle, sondern auch starke soziale Aspekte.

Es braucht nicht viel Fantasie, um sich vorzustellen, wie die Menschen beim Schein des Feuers beisammensaßen und sich die gruseligsten Geschichten erzählten. Die meisten der Mythen und Legenden rund um die schaurigen Gestalten, die in den Rauhnächten ihr Unwesen trieben, sind vermutlich aus dieser launigen Stimmung heraus entstanden. Sie wurden, wie die Rituale und Bräuche auch, von Generation zu Generation weitergegeben und so die kulturelle Identität der jeweiligen Gemeinschaft bewahrt.

## Geografische Verbreitung der Rauhnächte

Ihren Ursprung haben die Bräuche und Rituale rund um die Rauhnächte vermutlich schon in der Vor- und Frühgeschichte Europas. Sie ähneln sehr den Bräuchen und Ritualen der indogermanischen Volksstämme. Das erklärt ihre weite

Verbreitung. Sie finden sich in Großbritannien genauso wie in Skandinavien, Ost- und Südeuropa. Besonders weit verbreitet sind sie aber im Alpenraum, in Italien, Österreich, der Schweiz und Deutschland und hier insbesondere auch im Erzgebirge.

Auch Beginn und Ende der Rauhnächte ist in katholisch und protestantisch geprägten Regionen verschieden. So beginnen sie in katholischen Gegenden vorwiegend in der Thomasnacht, dem 21. Dezember, und enden an Neujahr. In protestantischen Gebieten dagegen ist die Nacht vom 24. auf den 25. Dezember die erste der zwölf Rauhnächte und die letzte in der Nacht vom 5. auf den 6. Januar.

In der Alpenregion ist der Begriff „Rauchnächte" noch weit verbreitet, wobei sich in Deutschland diese Bezeichnung vorwiegend in Bayern und im Schwarzwald wiederfindet. Das erklärt sich aus der Tatsache, dass in diesen Regionen in der Zeit „zwischen den Jahren" das Räuchern im Vordergrund stand. Im Erzgebirge dagegen ist von „Innernächten" oder auch „Unternächten" die Rede. In anderen Ländern wie England, Irland, Ungarn oder auch in den skandinavischen Ländern heißen die Rauhnächte schlicht „Zwölf Tage" oder auch „Zwölf Nächte". Das gilt auch für Rheinland-Pfalz und Westfalen. Hier sind die Rauhnächte als „Zwölfte" oder „Dwölfte" bekannt.

## Vergleich der Rauhnachtsbräuche und Traditionen in verschiedenen Regionen

Auch wenn sie die gleichen Wurzeln haben, sind die Traditionen, Bräuche und Rituale regional doch sehr unterschiedlich. Viele der vorchristlichen Rauhnachtstraditionen wurden im Zuge der Christianisierung überlagert. In einigen Regionen aber sind sie zumindest teilweise bis heute erhalten geblieben.

## Das Apfelorakel

Am bekanntesten ist wohl noch heute das Apfelorakel. Es wurde an den Lostagen, dem Andreastag am 30. November, und in der Thomasnacht, der 4. Rauhnacht am 29. Dezember, durchgeführt. Diese beiden Tage galten als besonders geeignet für Orakel und Weissagungen. In vielen Gegenden musste ein noch unverheiratetes Mädchen einen Apfel in einem Stück schälen, sodass die Schale ein einziges langes Band ergab. Warf sie dieses Band über die Schulter hinter sich und die Schale bildete einen Buchstaben ab, dann war das der Anfangsbuchstabe des Namens ihres zukünftigen Ehemannes.

In Sachsen dagegen mussten die unverheirateten Damen ein Aststück aus dem Feuer ziehen. War das Scheit schön gerade und ebenmäßig, war ihr Zukünftiger ein junger, schöner Mann. War das Holzscheit dagegen krumm, dann hatte sie weniger Glück.

Im Harz setzten die jungen Damen lieber auf die Wirkung des Alkohols. Sie tranken vor dem Schlafengehen zwei Becher Wein, in der Hoffnung, im Traum schon einmal einen Blick auf ihren Liebsten werfen zu können. In England dagegen warfen die jungen Mädchen Apfelkerne ins Feuer und murmelten dabei den Namen ihres Angebeteten. Platzten die Kerne mit einem lauten Knall auf, galt die glückliche Zukunft der beiden als besiegelt.

## Rauhnachtssänger und Perchtenläufe

Typisch für Schwaben, Süddeutschland und die gesamte Alpenregion sind die Rauhnachtssänger und die Perchtenläufe, die so in anderen Regionen nicht zu finden sind. Traditionell ziehen Sängergruppen von Haus zu Haus und singen

Rauhnachtslieder. Sie tragen meist eine regionale Tracht und Masken zum Schutz vor bösen Geistern. In der Regel treten sie in den letzten Tagen der Rauhnächte und den ersten Tagen des neuen Jahres auf und sollen Glück bringen. Die Perchtenläufer sind Gruppen von Maskenträgern, die vorwiegend in der Alpenregion zu Hause sind. Die Tradition reicht zurück auf die Wintersonnenwendfeiern. Perchten sind vermummte Gestalten, die Holz- oder Fellmasken tragen und oft schaurige Erscheinungen darstellen. Mit den Perchtenläufen sollen diese Gestalten die echten Geister und Dämonen vertreiben. Mit Trommeln und Glocken ziehen sie durch die Straßen und führen spektakuläre Tänze auf. Diese Tradition ist noch heute, vor allem in der gesamten Alpenregion, verbreitet.

Auch die Perchtenläufe haben ihren Ursprung in den Feierlichkeiten rund um die Wintersonnenwende. Dann nämlich erschien Frau Perchta mit ihrem Gefolge, um die Bevölkerung vor den bösen Geistern zu schützen. Daraus haben sich im Laufe der Jahrhunderte die traditionellen Maskenläufe entwickelt, die jedes Jahr Touristen aus aller Welt anziehen.

**Weitere geheimnisvolle Rituale**

Während im Süden die Dämonen durch schaurige Maskenumzüge und Ausräuchern vertrieben wurden, bekamen es die Gespenster und Geister im Norden naturgemäß mit dem Wasser zu tun. In manchen Gegenden entlang der Ostseeküste wird an Silvester noch immer der Brauch des „Wasserspülens" durchgeführt. Dabei wird symbolisch das alte Jahr förmlich aus dem Haus „gespült", indem Wasser auf den Flur oder vor die Haustür gegossen wird. Im Osten liebt man Bleigießen und Wachsorakel und in Teilen von Westfalen das Anblasen, eine

Mischung aus Rauhnachtsgesängen und Maskenläufen. Dabei ziehen Menschen mit Blasinstrumenten durch die Straßen, um das alte Jahr aus- und das neue Jahr anzublasen.

In einigen Bauernkalendern ist statt von Rauhnächten von Lostagen die Rede. Wie die Rauhnächte waren auch die zwölf Lostage den Monaten des kommenden Jahres zugeordnet und dienten hauptsächlich als Wetterprognose. Schien zum Beispiel an einem Tag die Sonne, dann würde es im zugehörigen Monat im nächsten Jahr schönes Wetter geben. In anderen Regionen dagegen hatten die Lostage eher symbolische Bedeutung. In diesem Zusammenhang konnte Sonnenschein Streit bedeuten.

Dieser kurze Überblick macht deutlich, dass es eine Vielzahl von Rauhnachtsbräuchen gibt, die sich regional stark unterscheiden. Sie sind eng mit der jeweiligen Kultur und Geschichte verbunden und tief in der Gemeinschaft verwurzelt.

## Gemeinsame Elemente und Unterschiede in den Rauhnachtsritualen

So unterschiedlich die Bräuche und Rituale in den Raunächten auch sein mögen, so haben sie doch viele Elemente gemeinsam. Zum Beispiel den Zeitraum der Rauhnächte. Unabhängig von der Region dienen die Bräuche dem Zweck, Haus und Bewohner im neuen Jahr vor Bösem zu beschützen und von altem Ballast zu befreien. Auch Weissagungen und Visionen sind in den unterschiedlichsten Ausprägungen in allen Kulturen zu finden. Zudem dienen überall in Europa die „Tage außerhalb der Zeit“ der Besinnung und Reinigung und dem Neubeginn.

Die Unterschiede in den Traditionen und der Ausgestaltung der Rauhnachtsbräuche ergeben sich nicht zuletzt aus den regionalen Gegebenheiten, der natürlichen Umgebung, der

Landschaft, dem Klima und der jeweiligen Geschichte einer Region. Unterschiede finden sich beispielsweise in den verwendeten Räucherstoffen, den Formen der Weissagung, den Masken und Verkleidungen und sogar in den Speisen und Getränken, die in den Rauhnächten gereicht werden.

Die Art und Weise, wie die Bräuche ausgeführt wurden und noch immer werden, können von Dorf zu Dorf und sogar von Familie zu Familie unterschiedlich sein. Manche Rauhnachtsbräuche wurden im Laufe der Zeit modernisiert, den Bedürfnissen und Interessen der heutigen Gesellschaften angepasst und traditionelle Elemente anderer Bräuche hinzugefügt.

## Einfluss der Rauhnächte auf das kulturelle Erbe und die Identität

Der Einfluss der Rauhnächte auf das kulturelle Erbe und die Identität ist so vielfältig wie die Traditionen und Bräuche selbst. Sie sind tief in der Kultur und Geschichte Deutschlands sowie vieler europäischer Länder verwurzelt. Die Traditionen wurden von Generation zu Generation weitergegeben und haben sich so über die Jahrhunderte hinweg erhalten. Dadurch sind sie ein wichtiger Teil des immateriellen Kulturerbes geworden. Durch das Praktizieren der Bräuche, das gemeinsame Feiern und das Überbringen von Segens- wie auch Glückwünschen wurde das Zusammengehörigkeitsgefühl einer Gruppe gestärkt, gemeinsame Erfahrungen geschaffen und so die Identität der Gruppe geprägt.

Viele Rituale und Bräuche der Rauhnächte haben einen engen Bezug zur Natur und den Jahreszeiten. Diese Verbindung mit der Natur ist ein wichtiger Bestandteil der Geschichte und spiegelt die Verbundenheit der Menschen mit ihrer Umwelt wider.

Darüber hinaus vermitteln die Rauhnächte Werte wie Besinnung, Reinigung, Hoffnung und Neubeginn. Sie erinnern die Menschen daran, die Vergangenheit zu reflektieren, sich auf das Wesentliche zu konzentrieren und optimistisch in die Zukunft zu schauen. Diese Werte prägen noch heute die Lebensweise vieler Menschen und sind wichtiger Bestandteil unseres kulturellen Erbes. Die Rauhnächte sind eine wertvolle Tradition, die noch heute einen wichtigen Platz in der europäischen Kultur einnimmt und die kulturelle Vielfalt bereichert. Sie sind es wert, auch weiterhin gepflegt, geteilt und geschützt zu werden.

# Die einzelnen Rauhnächte und ihre jeweilige Bedeutung

In der mystischen Zeit der Rauhnächte entfaltet sich ein komplexes Geflecht aus Überlieferung, Aberglauben und spirituellen Praktiken. Jede der Rauhnächte birgt ihre eigene, einzigartige Bedeutung. Von alten Bräuchen bis hin zu tief verwurzelten Überzeugungen. Jede dieser Nächte trägt eine einzigartige Botschaft, ist umgeben von Geheimnissen und verborgenen Bedeutungen. Jede Nacht birgt ihre eigene Energie und spezifische Qualität, die eng mit den tiefsten Wünschen, Hoffnungen und Ängsten der Menschen verbunden ist.

## Die besten Tage für die Vorbereitung der Rauhnächte

Wer sich heute mit den Rauhnächten beschäftigt, konzentriert sich in der Regel auf die zwölf Nächte vom 25. Dezember bis 6. Januar. Auch, wenn in manchen Gegenden in alter Zeit die Rauhnächte bereits am 21. Dezember, dem Thomastag begannen - dem kürzesten Tag im Jahr. Und eine Nacht, die wegen der Wintersonnenwende von je her eine besondere Bedeutung hatte. Die Wintersonnenwende war für unsere Ahnen ein markanter Punkt im Jahreszyklus. Sie sahen ihn als Zeitpunkt des Übergangs auch zu neuen Möglichkeiten und Chancen an. Deshalb war die Nacht für unsere Ahnen bestens dazu geeignet, Wünsche zu definieren und aufzuschreiben.

Noch heute lässt sich die besondere Energie der Thomasnacht dazu nutzen, um sich auf die Rauhnächte vorzubereiten. Dazu gehört zum Beispiel das Besorgen von Räuchermaterialien und Zubehör, das Bereitlegen eines Notizbuches oder das Anlegen eines Traumtagebuchs. Und es ist die perfekte Nacht, um das Ritual der 13 Wünsche vorzubereiten. Schließlich dauert es eine Weile, bis 13 Wünsche gefunden und formuliert sind.

**Das magische Ritual der 13 Wünsche**

Das Ritual der 13 Wünsche ist eine mystische Praxis, die es uns ermöglicht, unsere tiefsten Sehnsüchte und Träume zur Erfüllung an das Universum zu übergeben.

Schreibe deine 13 wichtigsten Wünsche auf kleine Zettel. Rolle die Zettel einzeln zusammen und umwickele sie z. B. mit einem Faden. Dabei geht es darum, dass man die Wünsche nicht mehr sehen kann. Du kannst die Zettel also auch einfach falten. Anschließend werden sie in einem Gefäß, einem Glas oder einer Schatulle gut sichtbar im Raum aufgestellt. In jeder Rauhnacht wird ein Zettel entnommen und verbrannt, ohne ihn nochmals zu lesen.

Was auch immer du dir von Herzen wünschst, zum Beispiel Erfolg bei einem bestimmten beruflichen Vorhaben, mehr Gesundheit oder Liebe und Harmonie in deiner Partnerschaft: Schreibe deine 13 sehnlichsten Wünsche jeweils auf einen eigenen Zettel und übergib 12 davon in den Rauhnächten dem Universum. Ein Wunsch pro Rauhnacht.

Wenn du in der letzten Rauhnacht den zwölften Wunschzettel verbrannt hast, kannst du den letzten noch übrigen Wunschzettel öffnen und lesen. Der Überlieferung nach ist das der Wunsch, um den du dich im nächsten Jahr selbst kümmern musst. Das hat durchaus Vorteile: Du kannst dich ganz auf diesen einen Wunsch konzentrieren, die übrigen zwölf übernimmt das Universum oder eine höhere Macht.

### Etwas Neues kann erst beginnen, wenn das Alte abgeschlossen ist

Die Tage der Vorbereitung dienten in früherer Zeit auch dazu, Haus und Hof auf Vordermann zu bringen und alles, was im Laufe des Jahres liegengeblieben war oder sich angesammelt hatte, zu erledigen.

Geliehenes musste bis spätestens zum Jahresende zurückgebracht, Schulden beglichen und offene Angelegenheiten geklärt sein. Schließlich kann etwas Neues erst beginnen, wenn alles Alte erledigt ist. Unsere Vorfahren kehrten das Alte wörtlich mit einem Besen aus dem Haus. Bis zum Beginn der Rauhnächte am 25. Dezember musste alles seine Ordnung haben. Während der Rauhnächte war zum Beispiel Putzen und Aufräumen nicht erlaubt, das brachte den Erzählungen nach Unglück.

Unsere Ahnen nahmen an, dass herumliegende Dinge

und Unordnung die Aufmerksamkeit der Geister und anderer übernatürlicher Wesen auf sich ziehen könnten und sie sich dadurch gestört fühlten. In anderen Kulturen glaubte man, dass bestimmte Dämonen oder negative Energien von der Unordnung im Haus angezogen werden und das kommende Jahr entsprechend negativ beeinflussen könnte. Nicht zuletzt aber sollte es das Verbot während der mystischen Zeit zu putzen oder aufzuräumen, den Menschen ermöglichen, sich auf spirituelle Praktiken, Reflexion und Ruhe zu konzentrieren. Und das ist heute wichtiger denn je.

Deshalb sollte Aufräumen und Ausmisten immer Teil der Vorbereitung auf die Rauhnächte sein. Für unsere Ahnen war das vermutlich kein größeres Problem. Sie hatten ohnehin nur die Dinge, die sie wirklich brauchten und die sie sich leisten konnten. Heute sieht das anders aus. Angeblich hortet jeder von uns in seinem Haushalt 10.000 Dinge. Die Wissenschaft ist sich einig: Wir brauchen höchstens 100. So spartanisch muss es nicht gleich sein und welche Dinge du wirklich brauchst, kannst natürlich nur du allein entscheiden.

Auch beim Aussortieren ist man heute nicht mehr auf sich allein gestellt. Es gibt viele hilfreiche Ratgeber zum Thema Entrümpeln und was man mit den aussortierten Dingen tun kann. Und das Wichtigste: Sie sagen einem, wo und wie man mit dem Ausmisten am besten loslegt. Denn das ist ja bekanntlich das Schwierigste.

## Von Träumen und dem Traumtagebuch

Träume spielten in den zwölf Rauhnächten eine bedeutende Rolle. So glaubten unsere Vorfahren fest daran, dass jeder Traum eine Botschaft für den betreffenden Monat enthielt. Deshalb wurde akribisch festgehalten, was man in jeder einzelnen Rauhnacht träumte. Diese Träume wurden als Verbindung zur spirituellen Welt betrachtet, als Einblicke in das Kommende und als Führung für die kommenden Monate.

Auch uns bieten die Rauhnächte die einzigartige Gelegenheit, tief in die Symbolik und Bedeutung der Träume einzutauchen, um so die verborgenen Hinweise und Weisheiten zu entschlüsseln, die sie enthalten können.

> Wenn du dich heute auf die Rauhnächte vorbereiten möchtest, denke auch an ein Traumtagebuch. Lege dir ein Notizbuch und einen Stift neben dein Bett, um deine Traumerlebnisse festzuhalten. Sie können eine wertvolle Quelle für Einsichten und Botschaften aus deinem Unterbewusstsein sein.

In der Deutung der Träume waren die Menschen auch früher schon völlig frei. Und hier lag damals mehr als heute eine große Gefahr. Träume, die für einen Monat nichts Gutes verhießen, konnten den Alltag stark belasten. Und so kam es nicht selten vor, dass allein durch die negativen Erwartungen Geschehnisse provoziert wurden, die normalerweise so nicht passiert wären. Deshalb sollte man auch nicht zu viel in die Träume hineininterpretieren. Wie man sich an Träume erinnern kann und wie sie interpretiert werden können, wird in einem späteren Kapitel noch ausführlicher besprochen.

### Beginn und Ende der einzelnen Rauhnächte

Jede der zwölf Rauhnächte steht in chronologischer Reihenfolge für einen Monat des neuen Jahres. Die erste Rauhnacht für Januar, die letzte für Dezember. Sie beginnen jeweils um Mitternacht und enden um 23.59 Uhr des folgenden Tages. Beginn der ersten Rauhnacht ist demnach um Mitternacht am 24. Dezember und sie endet um 23.59 Uhr am 25. Dezember. Die letzte Rauhnacht beginnt am 5. Januar um Mitternacht und endet 24 Stunden später, um 23.59 Uhr am 6. Januar.

Mit jeder Rauhnacht ist eine spezielle Aufgabe verbunden, etwa loslassen, zur Ruhe kommen oder sich für andere einsetzen. Im Folgenden werden wir uns die einzelnen Tage und ihre Bedeutung etwas genauer anschauen.

## Die erste Rauhnacht vom 24. auf 25. Dezember

Die erste Rauhnacht symbolisiert den Januar, der von Natur aus immer ein ruhiger Monat war. Eine Zeit, in der es auf den Feldern und in den Gärten noch nichts zu tun gab, denn noch waren die Böden hart gefroren. Deshalb nannte man den Januar auch Hart- oder Eismonat. Als Beginn des neuen Jahres galt der Januar als die Basis für das kommende Jahr. Deshalb stand an diesem Tag die Frage im Raum, was geheilt werden musste, um ein solides Fundament für das kommende Jahr zu errichten.

Die erste Rauhnacht zählte von jeher zu den wichtigsten Rauhnächten. Es war die Nacht der Stille, eine Nacht, so wird erzählt, in der sich das Tor zur anderen Welt öffnet und lange verstorbene Ahnen auf die Erde kommen können. Die Aufgabe der Menschen in der ersten Rauhnacht war es mithin, zur Ruhe zu kommen, der Stille nachzuspüren, für alles Gute des zu Ende gehenden Jahres zu danken und den ersten der 13 Wunschzettel zu verbrennen.

Zugleich bot die erste Rauhnacht auch immer die Gelegenheit, den Zusammenhalt der Familie zu stärken. Auch heute noch kommen am ersten Weihnachtsfeiertag die Familienmitglieder zusammen, um miteinander zu feiern. Früher gedachte man an diesem Tag auch der Ahnen und damit der Grundlage unserer Existenz. Ihnen zu Ehren brannte in der ersten Rauhnacht ein Licht. Auch an Mutter Natur wurde gedacht, indem zum Beispiel die Tiere im Wald gefüttert wurden.

In der ersten Rauhnacht geht es also um die Grundlagen unserer Existenz, um das Fundament und die Basis für das kommende Jahr und unsere Wurzeln.

Denke darüber nach, was du loslassen möchtest. Höre in dich hinein, was dich belastet oder dir auf der Seele liegt. So kannst du für das, was du im neuen Jahr erreichen möchtest, ein solides Fundament schaffen.

## Die zweite Rauhnacht vom 25. auf den 26. Dezember

Die zweite Rauhnacht symbolisiert den Februar und damit die Zeit der länger werdenden Tage. Mit Mariä Lichtmess wird die Rückkehr des Lichts gefeiert. Das Licht steht für die Energie, endlich das anzupacken, was schon lange den Alltag belastet. Gemeint ist eine innere Einkehr.

Früher ging es darum, in der zweiten Rauhnacht zurückzublicken und seinen Frieden mit sich selbst und mit der Vergangenheit zu machen. Eine Bestandsaufnahme, sozusagen eine innere Inventur, stand auf dem Programm. Wie weit ist man im vergangenen Jahr gekommen, welche Erfahrungen wurden gemacht? Was sollte noch gelöst oder losgelassen werden, um den inneren Frieden zu finden?

Als Räucherwerk kam Lavendel zum Einsatz, der das Herz öffnet, Salbei für den Neubeginn und Zeder mit der Kraft, den Menschen wieder mit der Natur zu verbinden. Mistel sollte helfen, in die eigene Seele zu schauen und Verschwommenes klarer zu sehen.

Der Kern der zweiten Rauhnacht besteht also darin, Vergangenes abzuschließen, damit etwas Neues beginnen kann.

## Die dritte Rauhnacht vom 26. auf den 27. Dezember

Die dritte Rauhnacht steht für den Monat März, die Zeit des Neubeginns und damit des Aufbruchs und der Hoffnung. In dieser Nacht steht das Auf und Ab des Lebens im Mittelpunkt, der ständige Wandel. Auf Dunkelheit folgt das Licht, auf Freude Leid. Aber alles im Leben geht vorüber. Der Mensch wendet viel Kraft und Energie auf, um sich gegen Veränderungen zu stemmen. In der dritten Rauhnacht wird es Zeit, den Widerstand aufzugeben und auf den Fluss des Lebens zu vertrauen. Es ist die Zeit, sich den Wundern des Lebens zu öffnen und damit eine Basis für den Neuanfang im kommenden Jahr zu schaffen.

## Die vierte Rauhnacht vom 27. auf den 28. Dezember

Die vierte Rauhnacht ist wieder eine Schlüsselnacht. Es ist die „Nacht der unschuldigen Kinder“. Im Kern erinnert dieser Tag an die Nacht, in der Herodes alle Knaben bis zu einem Alter von zwei Jahren in Bethlehem töten ließ aus Furcht vor dem „neuen König“. Unsere Ahnen gedachten an diesem Tag aller verstorbenen Kinder. Sie waren überzeugt davon, dass alle unschuldigen, toten Kinder im Schutz der Dunkelheit durch die Lande ziehen, angeführt von ihrer Seelenmutter Frau Percht. In vielen Regionen Bayerns stellten die Menschen in dieser Nacht einen Teller Suppe als Wegzehrung vor die Tür. Heimlich zu lauschen, war streng verboten. Als Strafe, so lautete die Prophezeiung, verlöre man für ein Jahr sein Augenlicht.

Symbolisch steht die vierte Rauhnacht für den Monat April, ein sehr wechselhafter Monat, zumindest was die Witterung anbelangt. Entsprechend steht der Wandel im Mittelpunkt. Die Vergangenheit versucht, den Aufbruch zu verhindern, das Neue zu bekämpfen. In dieser Nacht kann alles, was in den vergangenen Rauhnächten nicht so gut gelaufen ist, aufgelöst werden.

Formuliere Negatives (z. B. Glaubenssätze) zu etwas Positivem um. Schreibe alles Negative auf einen Zettel. Auf einem zweiten Zettel wandelst du es in etwas Positives um und verbrennst dann symbolisch den Zettel mit dem Negativen.

Für den modernen Menschen stellt sich an dieser Stelle natürlich die Frage, wie es sein kann, dass zum einen Wünsche durchs Verbrennen ins Universum geschickt und erfüllt werden können und zum anderen Negatives verbrannt wird und dadurch verschwindet. Für unsere Ahnen stellte sich die Frage nicht. Es waren magische Rituale, seit Jahrhunderten übermittelt und praktiziert, an deren Wirksamkeit schlicht nicht gezweifelt wurde.

Heute sehen wir beides als das, was es ist: Symbolische Rituale, die dazu dienen, innere Veränderungen anzustoßen und eine Verbindung zur spirituellen Dimension herzustellen.

In der vierten Rauhnacht geht es aber nicht nur darum, sich von Negativem zu lösen, sondern auch um Opferbereitschaft. Was bist du bereit zu geben? Dabei geht es im Kern um Selbsterkenntnis.

Früher war es üblich, an diesem Tag etwas zu opfern, zu verschenken oder einfach weiterzugeben. Das konnten zum Beispiel Lebensmittel sein. Bedürftige wurden zum Essen eingeladen oder sie bekamen Lebensmittel oder andere Gegenstände geschenkt. In manchen Kulturen war es üblich, für andere Menschen zu beten.

Stattdessen könntest du heute auch Geld an gemeinnützige Organisationen spenden, dich aktiv für eine gute Sache engagieren oder einfach Zeit verschenken, zum Beispiel an einsame Menschen in sozialen Einrichtungen oder Pflegeheimen.

## Die fünfte Rauhnacht vom 28. auf 29. Dezember

In der fünften Rauhnacht, die für den Monat Mai steht, ist das Glück des Lebens spürbar. Die Natur steht in voller Blüte und macht die Schöpfungskraft überdeutlich. Es ist Zeit, den eigenen Weg zu finden. Das bedeutet auch, sich sein Umfeld genau anzuschauen.

> Sind deine Freunde wirklich deine Freunde? Manchmal passt man einfach nicht mehr zusammen, man hat sich weiterentwickelt und die Gemeinsamkeiten von früher sind in den Schatten getreten. Dann kann es an der Zeit sein, Platz für neue Freundschaften zu schaffen.

Es geht aber auch um die Freundschaft zu sich selbst und Selbstliebe. Die Frage steht im Raum, ob du für dich selbst immer der beste Freund bist. In der Regel ist das eher nicht der Fall. Mit uns selbst sind wir kritischer als mit allen anderen Menschen. Es fällt uns sogar am schwersten, uns selbst zu vergeben. Andere können wir aber nur dann lieben, wenn wir uns auch selbst lieben.

## Die sechste Rauhnacht vom 29. auf 30. Dezember

Das Jahresende rückt unaufhaltsam näher. Zeit, Vater und Mutter zu danken und sich zu überlegen, welches Geschenk sie uns auf Seelenebene mitgegeben haben. Es ist zugleich aber auch die ideale Zeit, mit der Familie Frieden zu schließen.

Der 30. Dezember ist der Festtag der Heiligen Familie. Theologisch betrachtet erinnert der Festtag der Heiligen Familie daran, dass Jesus in einer menschlichen Familie aufgewachsen und damit „einer von uns“ ist. Die Heilige Familie gilt als Vorbild für alle Familien, ein Vater, der bereit ist, alles für seine Familie zu tun, eine hingebungsvolle Mutter und ein gehorsamer Sohn. So wünscht man sich Familie auch heute noch. Im Alltag sieht das Familienleben aber meist weniger harmonisch aus. Die sechste Rauhnacht bietet deshalb die Gelegenheit, mit der Familie ins Reine zu kommen.

Die sechste Rauhnacht steht symbolisch für den Monat Juni, den Monat der Sommersonnenwende und damit nicht zuletzt auch für Freude und Heiterkeit. Während dieser Nacht offenbarten sich nach altem Glauben die verborgenen Kräfte der Natur in ihrer vollen Blüte, und die Menschen sahen in den Träumen Zeichen für die kommende Zeit. Dies war eine Zeit der Feier, des Tanzes und der Zusammenkunft, in der die Lebensfreude und der Enthusiasmus für die bevorstehenden Erlebnisse im neuen Jahr ihren Ausdruck fanden. Die sechste Rauhnacht diente somit nicht nur als Orakel für den Monat Juni, sondern erinnerte auch daran, die positiven Aspekte des Lebens zu schätzen und zu zelebrieren.

## Die siebte Rauhnacht vom 30. auf 31. Dezember

Silvester, Zeit zu feiern und auf das neue Jahr anzustoßen. Das alte Jahr geht endgültig zu Ende. Das feierten auch unsere Ahnen schon mit einer ungeahnten Ausgelassenheit. Sie aßen, tranken und tanzten, wie an keinem anderen Tag im Jahr. Und sie ließen es um Mitternacht richtig krachen. Allerdings wollten sie mit dem Krach nicht das neue Jahr begrüßen, sondern böse Geister und Dämonen vertreiben. Der Lärm der Silvesternacht war ein tiefer, mystischer Ausdruck des Wunsches nach Schutz und Abwehr von den Mächten des Unbekannten.

Silvester war zugleich eine der besonderen Losnächte. Bleigießen als Orakel war schon bei den alten Römern bekannt. Durch die Form, die das erkaltete Blei annahm, versuchte man die Zukunft zu deuten. Die Formen und Figuren, die entstanden, hatten unterschiedliche Bedeutung. Bildete das erkaltende Blei im Wasserbad zum Beispiel einen Kegel, war Vorsicht in finanziellen Dingen angesagt, eine Eiform deutete auf eine Geburt im Familienkreis hin, eine Schlange stand für Missgunst und Neid. Einem Menschen im Umfeld würde man den Erfolg nicht gönnen.

Heute werden an Silvester meist gute Vorsätze für das neue Jahr gefasst. Dabei geht es hauptsächlich darum, sich zu überlegen, was man ins neue Jahr mitnehmen und was man lieber im alten Jahr zurücklassen sollte. Diese siebte Rauhnacht steht und stand schon früher im Zeichen des Feierns und Genießen, ganz so, wie es sich für den Sommermonat Juli gehört, den diese Nacht symbolisiert.

Der Überlieferung nach sollst du in dieser Nacht unbedingt deinen Teller leer essen. Das verspricht reichen Geldsegen für das kommende Jahr!

## Die achte Rauhnacht vom 31. Dezember auf 1. Januar

Mit dem Neujahrstag steht uns ein ganzes Jahr mit allen Höhen und Tiefen bevor. Es ist die Geburt eines neuen Jahres, das für uns die Fülle des Lebens bereithält, so wie der August die Fülle der Natur bereithält. So wie die achte Rauhnacht wird, so wird das ganze Jahr, sagt die Überlieferung. Neue Welten öffnen sich, neue Energien werden freigesetzt. Die achte Rauhnacht ist mit dem Tierkreiszeichen des Löwen verbunden und voller Kraft und Energie, voller Mut und Zuversicht. Und genauso begannen unsere Ahnen das neue Jahr, voller Mut und Zuversicht. Sie wünschten einander Glück und verschenkten Glückssymbole wie das vierblätterige Kleeblatt, ein Hufeisen oder einen Glücksgroschen. Der Neujahrstag war zugleich aber mit viel Aberglaube verbunden. Doch dazu kommen wir später noch.

## Die neunte Rauhnacht vom 1. auf 2. Januar

Die Feierlichkeiten sind vorüber, der Alltag kehrt wieder ein. Die neunte Rauhnacht ist verbunden mit dem September. Im September beginnt die Erntezeit und damit eine Zeit mit viel Arbeit. Jetzt trennt sich die Spreu vom Weizen. Alten Überlieferungen zufolge steht die neunte Rauhnacht für Gold und das Segenslicht. Gold ist das Symbol für die Vollkommenheit der Seele. Das Licht trägt jeder Mensch in sich. Es ist die eigene Mitte, der goldene Kern des Seins. Aufgabe der neunten Rauhnacht ist es deshalb, die eigene Mitte zu finden. In der Mitte liegen die Ruhe und der Frieden und aus der Mitte erwächst die Kraft. Unsere Ahnen baten in dieser Nacht um den Segen für das neue Jahr, für das eigene Leben.

## Die zehnte Rauhnacht vom 2. auf 3. Januar

Die zehnte Rauhnacht steht ganz im Zeichen des goldenen Oktobers. Im Oktober schaut man auf das Ergebnis der Ernte und in der zehnten Rauhnacht auf das, was die Rauhnächte bislang gebracht haben.

Es ist Zeit, Bilanz zu ziehen. Auf welche Veränderungen wartest du und vor welchen fürchtest du dich? Es geht darum, Klarheit zu finden. Nur das Hier und Jetzt zählt. Die Vergangenheit liegt hinter uns und die Zukunft ist noch nicht da. Es ist die Gelegenheit, das Leben – in Gedanken – so zu gestalten, wie du es dir wünschst. Wofür willst du deine Lebensenergie einsetzen? Wie kannst du deine Lebensqualität verbessern?

Diese zehnte Rauhnacht gilt in vielen Überlieferungen als bestens geeignet für einen Blick in die Zukunft. In dieser Nacht, so heißt es, sind Träume und Visionen besonders klar und bedeutsam. Unsere Ahnen schrieben ihre Fragen an das Orakel in Bezug auf Sehnsüchte, Ängste oder auch Herzensangelegenheiten auf kleine Zettel und zogen dann eine Tarot- oder Orakelkarte, gossen Blei oder lasen auch aus dem Kaffeesatz. Für jeden Monat des Jahres wurde eine Frage gestellt, zwölf insgesamt. Andere beschworen das Schicksal, indem sie ihre spirituellen Ziele auf kleinen Zetteln definierten, den Zettel anschließend über einer Kerze anzündeten und während er brannte, die magischen Worte „So sei es“ aufsagten.

## Die elfte Rauhnacht vom 3. auf 4. Januar

Die elfte Rauhnacht steht für den Monat November und damit für Abschied nehmen. Sie symbolisiert den ewigen Kreislauf von Leben und Tod. Das eröffnet die Frage nach dem Sinn des Lebens. Was ist für dein Leben wichtig?

Für unsere Ahnen diente die elfte Rauhnacht als

Vorbereitung für die Perchtnacht, die letzte Nacht, in der Frau Percht mit der wilden Jagd durch die Dunkelheit zieht und sich das Tor zur anderen Welt wieder schließt. Haus und Hof wurden noch einmal gründlich ausgeräuchert und zum Beispiel die Zutaten für die Perchtmilch vorbereitet. In der Perchtnacht, also der letzten Rauhnacht wurde die Perchtmilch von der ganzen Familie aus einem Topf gelöffelt. Aber nur zwei Drittel, das letzte Drittel wurde für Frau Percht im Topf gelassen und vor das Haus, am besten unter einen Holunderbaum gestellt.

## Die letzte Rauhnacht vom 4. auf 5. Januar

Die zwölfte Rauhnacht ist die Nacht der Gnade und der Wunder. So sollen der Legende nach die Träume dieser Nacht in Erfüllung gehen. Um den Segen ins Haus zu lassen, wurden um Mitternacht alle Fenster und Türen geöffnet. Frau Percht prüfte in dieser Nacht noch einmal sehr gründlich, ob Haus und Hof sauber und ordentlich waren. Die Wilde Jagd war in dieser Nacht bedrohlicher und gefährlicher als in den vorherigen Rauhnächten und deshalb war es ratsam, in dieser Nacht Haus und Hof sorgfältig auszuräuchern, das Vieh wurde mit Weihwasser besprengt und mit geweihtem Brot gefüttert. Alles, um Hab und Gut vor bösen Geistern und Dämonen zu schützen.

Noch heute ziehen in der letzten Rauhnacht bevorzugt in der Alpenregion zwei Arten von Perchten durch die Nacht. Die sogenannten Schiachperchten, allesamt böse, furchterregende Gesellen mit schrecklichen Masken und die Schönperchten mit Lichtkappen und schweren Glocken. Diese traditionellen Umzüge sind heute eine touristische Attraktion und ziehen Neugierige aus aller Welt an.

Im Gefäß der 13 Wünsche liegen in dieser Nacht noch zwei Zettel. Einer wird verbrannt und dem Universum überstellt, der 13. und letzte Wunschzettel wird jetzt entrollt. Das ist der Wunsch, um den du dich in diesem Jahr selbst kümmern musst.

Der letzte Wunschzettel steht symbolisch dafür, dass du nach Abschluss der Rauhnächte dazu bereit bist, selbst die Führung in deinem Leben zu übernehmen und dich aktiv für die Erfüllung deiner Wünsche und Träume einzusetzen. Diese Handlung stellt eine enge Verbindung zwischen den Kräften des Universums und deinem eigenen Willen her. Wenn du diesen letzten Wunsch wieder sichtbar machst, zeigst du deine Bereitschaft, die Veränderungen anzustoßen, die notwendig sind, um deine Wünsche zu verwirklichen. Es ist ein mächtiger Akt der Selbstverpflichtung, der die mystische Energie der Rauhnächte mit deinem persönlichen Willen verbindet – eine Kombination, die einen starken Einfluss auf die Entfaltung deines Wunsches haben kann. Letztlich erinnert dich das nur daran, dass du selbst der Schmied deines Schicksals bist, die Rauhnächte dir aber den Raum geschenkt haben, diesen Weg bewusst zu gestalten.

# Geheimnisvolle Rituale und Bräuche der Rauhnächte

Die meisten Bräuche und Rituale der Rauhnächte haben ihre Wurzeln in heidnischen Bräuchen, die mit der Wintersonnenwende und dem Jahreswechsel zusammenhingen. Im heidnischen Glauben war die Natur göttlich, es wurde nicht zwischen göttlich und weltlich unterschieden, alles und alle waren eins. Das Jahr war in einen Kreis mit acht Abschnitten eingeteilt, die sich ausschließlich an der Natur orientierten. Es gab vier große Sonnenfeste und vier Feuerfeste, die jeweils zu Beginn der Jahreszeiten gefeiert wurden. Zur Wintersonnenwende am 21. Dezember wurde das Julfest gefeiert, in der der Überlieferung nach der Lichtgott Baldur wiedergeboren wurde.

Die Rituale und Bräuche rund um die Feste haben sich aus der Beobachtung der Natur, der Tiere und der Wetterphänomene entwickelt. Schaut man etwas genauer hin, kann man auch heute noch feststellen, dass sichtbare Fortschritte bei den länger werdenden Tagen erst im Januar erkennbar sind. Für die Germanen, Kelten und Wikinger stand im wahrsten Wortsinn in dieser Zeitspanne die Natur still.

Nach germanischem Glauben zogen die großen Götter wie Odin und Frigg in der Zeit des Stillstands der Natur durch die Lande und betrachteten die Taten und das Verhalten der Menschen. Sie konnten segnen und strafen. Überall erschienen verlorene Seelen und Geister, die unterschiedliche Gestalt annehmen konnten. In fremden Tieren konnten Hexen oder gar der Teufel stecken. Mit den meisten Ritualen hofften die Germanen, ihre Götter und die Geister und Dämonen gnädig zu stimmen und so Einfluss auf das neue Jahr nehmen zu können. Schließlich war ihr Überleben allein davon abhängig, wie das Wetter und damit die Ernte im kommenden Jahr werden würde. Also wurden den Göttern Opfer dargebracht, die guten Geister gefüttert und die bösen Dämonen vertrieben.

Mit dem Christentum wurden aus den Rauhnächten die heiligen Nächte. Der Übergang zum Christentum war ein langer Prozess, der sich über Jahrhunderte erstreckte. Viele Bräuche und Rituale wurden übernommen, ganz einfach, weil die Menschen sich davon nicht verabschieden wollten. Und so waren die Herrschenden gezwungen, viele der heidnischen Bräuche zu integrieren, um das Christentum besonders in ländlichen Gegenden durchzusetzen. Die Weihrauchschwaden, die noch heute während katholischer Messen durch die Kirchen wabern, sind einer dieser Bräuche. Die Geister und Dämonen fanden ihren Platz als ewige Mahner, die die Menschen davon abhalten sollten, sich gegen die natürliche Ordnung zu stellen. So wurden aus der Wilden Jagd ein wütendes Heer und aus Odin der Teufel, der jedem, der ihm im Weg stand, etwas Böses wollte. Die Zeit der Rauhnächte wurde dichter an die Wintersonnenwende und den Jahreswechsel angelehnt und mit dem Weihnachtsfest und der Geburt Jesu in Verbindung gebracht. Die Bräuche wurden entsprechend angepasst und mit christlichen Elementen überlagert. Anfangs waren die Menschen noch in den Vorstellungen und Überlieferungen von Geistern, Dämonen und magischen Kräften während der Rauhnächte gefangen, mit der Verbreitung des Christentums aber verblassten die alten Überlieferungen immer mehr. Die Menschen passten sich den christlichen Traditionen an. In manchen Regionen aber haben die Rauhnächte ihren Platz als besondere Zeit des Übergangs und der Besinnung behalten. Dieser Tatsache verdanken wir das Wissen um die Bedeutung der Rauhnächte für unsere Ahnen, ihre Bräuche und Rituale. Dieses Wissen kann uns helfen, bewusster, achtsamer und verbundener zu leben und ist es deshalb wert, geschätzt und bewahrt zu werden.

## Mystisches Räuchern und spirituelle Reinigungsrituale

Geräuchert wird schon, seit der Mensch das Feuer entdeckt hat. Die Forschung geht davon aus, dass unsere Vorfahren den wohltuenden Duft von Hölzern, Kräutern und Harzen durch Zufall entdeckt haben. Sie fingen an, mit unterschiedlichen Materialien zu experimentieren und beobachteten die entstehenden Düfte und Stimmungen. Es entstand eine regelrechte Räucherkunst. Geräuchert wurde in allen bekannten Hochkulturen rund um den Erdball.

Das Räuchern zählt zu den bekanntesten Traditionen der Rauhnächte. Zimmer, Häuser und Ställe wurden ausgeräuchert, um alle negativen Energien zu vertreiben und die Räume für das neue Jahr zu reinigen. Dazu wurden die unterschiedlichsten Kräuter und Harze in einer Räucherschale in glühende

Kohle gestreut. Wenn die Kräuter verglimmen, erzeugen sie Rauchschwaden, die mit einer Feder oder mit der Hand in allen Ecken im Raum verteilt wurden. Dazu wurden Segenssprüche aufgesagt, wie zum Beispiel:

*„Möge alles Dunkle, alles, was uns nicht mehr dient, aus den Räumen jetzt verschwinden. Wir laden die Liebe und das Segenslicht ein. Möge der Raum in einem neuen frischen, leuchtenden Glanz erstrahlen und uns Frieden, Ruhe und Kraft schenken."*

Es ging auch kürzer:

*„Glück ins Haus – Unglück hinaus!"*

Nach der Christianisierung wurde als Kohle gerne das verbrannte Holz vom Ostersamstag verwendet, um so den Bezug zum Christentum herzustellen.

Welche Hölzer, Harze und Kräuter zum Räuchern eingesetzt wurden, hing von der regionalen Verfügbarkeit und dem Zweck ab. Nicht alle Räuchermittel waren überall erhältlich. So kam in den Alpenregionen vorzugsweise die getrocknete Speickwurzel zum Einsatz, ein Baldriangewächs, das hauptsächlich in den alpinen Regionen vorkam. Die Wurzel war für ihren aromatischen Duft bekannt und wurde wegen ihrer beruhigenden Wirkung auch in der Volksmedizin verwendet. Die ätherischen Öle eigneten sich aber auch für die Duftstoffherstellung. Und so kam es zu einer Überernte, mit der Konsequenz, dass die Pflanze selten und damit teuer wurde. In anderen Gegenden wurde mit Fichtenharz, Salbei, Weihrauch, Myrrhe, Wacholder, Beifuß, Zedern- und Sandelholz geräuchert.

Weihrauch wurde in vielen religiösen und spirituellen

Traditionen zum Räuchern verwendet. Er diente als Opfergabe und dazu, eine heilige Atmosphäre zu schaffen. Zedernholz-Rauch ist in nordischen Traditionen weitverbreitet. Er diente dem Schutz und zur Reinigung von negativen Energien. Sandelholz-Rauch dagegen wirkte entspannend und beruhigend. Wacholder kam ebenfalls in den verschiedensten Regionen der Welt zum Einsatz und war in den Rauhnächten sehr beliebt. Als besonders kostbar galt Myrrhe. Das aromatische Myrrhenharz wurde hauptsächlich für spirituelle Zwecke eingesetzt, versprach aber auch eine effektive Abwehr von negativen Energien aller Art.

Die Reinigung vor und während der Rauhnächte bezog sich nicht allein auf die Beseitigung von negativen Energien und das Austreiben von bösen Geistern und Dämonen. Reinigen war durchaus wörtlich gemeint und umfasste sowohl die sorgfältige Säuberung von Haus und Hof als auch die persönliche, spirituelle Reinigung. So wurden eigens neue Besen aus Reisig gebunden und der Schmutz und Staub des alten Jahres aus dem Haus gekehrt. Das neue Jahr sollte in einem möglichst sauberen Umfeld beginnen. Um die Reinigungswirkung zu verstärken, wurden spezielle Segensformeln gesprochen, Haus, Hof und Vieh mit geweihtem Wasser besprengt oder bestimmte Bereiche damit berührt. Das Wasser konnte zusätzlich mit Kräutern oder Blütenblättern versetzt sein, um die Reinigungswirkung zu verstärken. In vielen Regionen kam Salz als reinigendes Element ins Spiel. Es wurde in einer Schale in verschiedenen Räumen des Hauses aufgestellt, um negative Energien zu absorbieren. Auch Klangschalen, Glocken und Trommeln kamen zur Reinigung zum Einsatz. Der Klang sollte negative Energien auflösen und eine harmonische

Schwingung im Haus erzeugen. Besonders wichtig war es, die Reinigungsrituale mit viel Respekt und Achtsamkeit durchzuführen, damit sie ihre Wirkung erzielten.

Die spirituelle Reinigung in den Rauhnächten begann mit der gründlichen Reinigung persönlicher Gegenstände wie Schmuck oder andere Objekte mit besonderer Bedeutung. Sie wurden nicht nur dem Wortsinn nach gesäubert, sondern ebenfalls besprochen oder geräuchert. Auch das Tragen von bestimmten Kristallen wie Bergkristall, Amethyst oder Hämatit diente dazu, negative Energien aufzunehmen und die Aura zu reinigen. Heute stehen eher Meditation und Visualisierung im Mittelpunkt der spirituellen Reinigung.

Ein sehr interessantes und inzwischen weitgehend unbekanntes Ritual bestand darin, in der ersten Rauhnacht vom 24. auf den 25. Dezember die Betten ordentlich aufzuschütteln, um mögliche Alpträume aus ihnen zu entfernen. Dazu wurde die Bettwäsche abgezogen und zum Lüften aufgehängt. Das Lüften von Bettwäsche galt als Ausnahme und fiel deshalb nicht unter das Verbot, in den Rauhnächten Wäsche zu waschen und aufzuhängen. Das Bettenschütteln galt als besonderes Reinigungsritual mit einer tieferen Bedeutung und deshalb war das Aufhängen der Bettwäsche zum Lüften ohne negative Konsequenzen für die Hausbewohner.

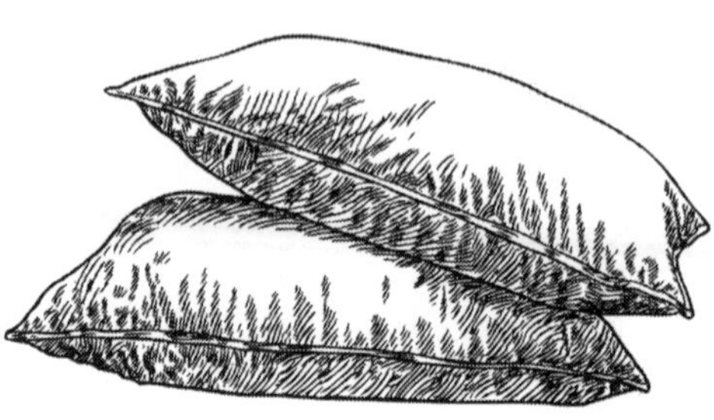

Nach Einbruch der Dunkelheit versammelten sich die Bewohner um ein Bett, fassten sich an den Händen und baten um den Segen für die Reinigung. Danach wurde das frisch gelüftete Bettzeug kräftig durchgeschüttelt. Dabei stellten sich die Bewohner vor, wie alle negativen Einflüsse in der Dunkelheit verschwanden.

## Mit Schutzzeichen und Symbolen gegen finstere Bedrohungen

Das Geheimnisvolle, Mystische der Rauhnächte wird besonders deutlich in den Symbolen und Schutzzeichen, mit denen sich unsere Ahnen vor den bösen Geistern und Dämonen zu schützen suchten, die in dieser Zeit in besonders großer Zahl ihr Unwesen getrieben haben. Der Überlieferung nach war in diesen zwölf Nächten die Pforte zum Reich der Dämonen und Geister weit geöffnet und die Menschen erfüllt mit Ehrfurcht.

In dieser Zeit der Unsicherheit waren Schutzzeichen und Symbole von unschätzbarem Wert. Die uralten magischen Zeichen dienten dazu, sich selbst, die Liebsten sowie Hab und Gut vor bösen Einflüssen zu bewahren und als Schutzschilde gegen all die finsteren Bedrohungen zu nutzen, die diese Zeit bereithielt.

Eines der beliebtesten Schutzzeichen waren Kreidekreise, die um das Haus, bestimmte Räume und Stallungen gezogen wurden. Sie stellten eine Barriere gegen böse Geister dar und schirmten den Raum vor unerwünschten Einflüssen ab.

In manchen Kulturen wurden auch schützende Pflanzen rund um das Haus aufgestellt oder im Garten angepflanzt, um böse Geister abzuwehren. Die Pflanzen stellten eine Art natürlicher Barriere dar, die Haus und Bewohner beschützen konnten. Haus und Hof zu segnen und mit Schutzgebeten zu besprechen, waren ebenfalls weit verbreitete Praktiken. Auch wurden spezielle Symbole oder Zeichen wie Runen, Wolfsangel, Pentagramme oder auch regional ganz unterschiedliche Hexenzeichen als Barrieren an Türen und Fenstern angebracht. Die Menschen trugen Schutzamulette, die aus bestimmten Pflanzen, Steinen oder Tierknochen hergestellt wurden.

Da die Rauhnächte insbesondere eine Zeit der Naturverehrung waren, kamen auch Symbole wie Bäume, Blumen und Pflanzen als Schutzzeichen zum Einsatz. Sie repräsentierten die Verbindung zur natürlichen Welt und ihre spirituellen Kräfte. Auch galten bestimmte Tiere als Schutzpatrone. Eulen, Raben, Katzen und Wölfe wurden oft als Boten zwischen den Welten betrachtet und dienten als Schutzgeister für Haus und Hof.

Es gab aber auch mystische Zeichen, die Glück und Wohlstand anziehen konnten. Dazu wurden spezielle Schriftzeichen angefertigt, die eine magische Verbindung zu bestimmten Energien oder Wesenheiten herstellen konnten. Diese Zeichen wurden oft auf Kerzen oder in das Räucherwerk eingeritzt. Von besonderer Bedeutung sind in diesem Zusammenhang die sogenannten Sigillen. Das sind magische Symbole, die eine spezielle Bedeutung und Energie in sich tragen. Diese dienten dazu, bestimmte Absichten zu verstärken und Energien zu kanalisieren. Sie wurden für die unterschiedlichsten Zwecke eingesetzt, zum Beispiel um in Verbindung mit Ritualen, Meditationen oder Zeremonien Heilung von Krankheiten oder auch Erfolge zu erzielen.

Die Kunst der Sigillen geht auf uraltes Wissen und Geheimlehren zurück, die ihren Ursprung in verschiedenen spirituellen Traditionen hat. Eine modernere Form der Sigillen wurde von dem englischen Okkultisten und Magier Austin Osman Spare entwickelt. Dabei werden aus Buchstaben und Wörtern magische Sigillen erstellt, indem bestimmte Buchstaben herausgenommen, miteinander kombiniert und zu einem kunstvollen Symbol geformt werden. Heute finden Sigillen auch in modernen magischen Praktiken und kreativen Ausdrucksformen Anwendung. Ihre Bedeutung und Interpretation sind jedoch oft sehr individuell und persönlich.

Alle Schutzzeichen und Symbole waren tief in den Glauben und die Kultur der Menschen verwurzelt und dienten als Mittel der Abwehr und des physischen Schutzes. Sie stellten aber auch eine spirituelle Barriere gegen die düsteren Mächte dar. Denn nicht zuletzt waren sie ein Zeichen des Vertrauens und der Hoffnung auf Sicherheit und Frieden, mit der sich die Menschen der schützenden Magie hingaben.

## Rauhnächte-Feuer und andere Feierlichkeiten

Die magischen zwölf Rauhnächte sind erfüllt mit uralten Bräuchen und Feierlichkeiten, die seit Jahrhunderten überliefert wurden und zum Teil noch heute durchgeführt werden. Ein zentrales Element sind die Rauhnächte-Feuer, die schon in den keltischen und germanischen Traditionen eine bedeutende Rolle spielten. Diese heiligen Feuer dienten als Quellen des Lichts und der Wärme, bildeten aber auch Tore zwischen den Welten. Sie sollten von jeher Altes und Negatives vertreiben und Platz für Neues und Positives schaffen. Die Flammen der Rauhnächte-Feuer wurden als lebendige Symbole angesehen, die Schutz vor bösen Einflüssen und Geistern boten und die Menschen mit der spirituellen Energie dieser besonderen Zeit verbanden.

### Rauhnächte-Feuer als gemeinschaftliches Ereignis

Die Rauhnächte-Feuer waren immer auch ein gemeinschaftliches Ereignis. Die Bewohner einer Region versammelten sich um das Feuer, um einander zu schützen und die positiven Energien zu verstärken. Oft wurde auch Räucherwerk in den Feuern verbrannt, um die Reinigung und den Schutz weiter zu vergrößern. Die Zeremonien und Bräuche rund um die Raunächte-Feuer waren von Region zu Region verschieden und haben sich im Laufe der Zeit immer wieder verändert. Einige Bräuche aber waren weit verbreitet. Dazu gehörten zum Beispiel Opfergaben. Bevor das Feuer entzündet wurde, war es üblich, Opfergaben wie Brot, Salz, Kräuter oder Räucherwerk darzubringen, um die Geister um Schutz und Segen zu bitten. Um das Feuer wurde getanzt und es wurden traditionelle Lieder gesungen, um die mystische Atmosphäre der Rauhnächte zu feiern. Und manchmal wurden während der Rauhnächte-Feuer bestimmte Orakel- und Wahrsagerituale durchgeführt. Die Menschen suchten etwas über ihre Zukunft in Erfahrung zu bringen, indem sie im Rauch und in den Flammen nach Zeichen und Symbolen Ausschau hielten.

Die Bedeutung der Rauhnächte-Feuer hat sich im Laufe der Zeit gewandelt, der Kerngedanke der Reinigung, des Schutzes und der spirituellen Verbindung ist aber bis heute in einigen Regionen erhalten geblieben. Es gibt noch heute

Rauhnächte-Feuer, die oft im Rahmen traditioneller Feste oder Zeremonien entzündet werden und die alten Bräuche lebendig erhalten. Sie stellen noch immer eine Möglichkeit dar, sich von alten Lasten zu befreien, sich zu besinnen und einen Neuanfang zu wagen, während man sich gleichzeitig von schützenden Energien umgeben fühlt.

Ebenfalls eng mit den Rauhnächten verbunden ist das Perchtenlaufen. Dabei handelt es sich um einen uralten Brauch, der vor allem in den Alpenregionen Österreichs, Bayerns und Südtirols verbreitet war und noch immer ist. Hier ziehen Menschen vorwiegend am 5. und 6. Januar in schaurigen Perchtenmasken und Kostümen durch die Straßen, um die Geister der Dunkelheit zu vertreiben und die Menschen vor Unheil zu bewahren.

## Schaurige Perchten, schrecklich und wild

Der Ursprung der Perchtenläufe liegt in heidnischen Winter- und Sonnenwendritualen. In vorchristlicher Zeit glaubten die Menschen, dass die dunkle Winterzeit und besonders die Rauhnächte von bösen Geistern, Dämonen und allerlei Naturwesen heimgesucht wurden. Um diese Geister abzuschrecken, wurden maskierte Prozessionen und Tänze abgehalten, bei denen die Menschen sich selbst als wilde und schreckliche Gestalten kostümierten. So konnten sie unbeschadet im Dunkeln auf die Straße, da die bösen Geister sie nicht als Menschen erkennen konnten und für ihresgleichen hielten. Mit der Christianisierung wurde aber auch dieser Brauch in christliches Brauchtum integriert, die Gestalten der Perchten mit Heiligenfiguren oder biblischen Figuren assoziiert, um der christlichen Botschaft mehr Gewicht zu verleihen. Im Laufe der Zeit entwickelten sich regionale Unterschiede und vielfältige Variationen der Perchtenfiguren und Masken. Manche Perchten repräsentieren das Gute und Fruchtbare, andere das Dunkle, Schreckliche der Winterzeit.

Eine der markantesten Perchtfiguren ist Frau Perchta, auch als Perchta bekannt. Sie ist eine mythologische Gestalt, die besonders im Alpenraum sowohl verehrt als auch gefürchtet wurde. Oft wird sie als alte, weise Frau mit langer Nase und schwarzem Gewand dargestellt. Bei den Perchtenläufen verkörpert Frau Percht sowohl das Gute als auch das Böse. Auf der einen Seite beschützt sie Haus und Hof, ist Hüterin der Natur und steht für Fruchtbarkeit. Als gütige Mutterfigur bringt sie Glück und Segen. Auf der anderen Seite hat Frau Percht aber durchaus auch eine düstere Seite. Einer ihrer Aufgaben bestand der Überlieferung nach darin aufzupassen, dass die Menschen in dieser Zeit nicht arbeiteten und zur Ruhe kamen. Sie wurde aber auch als Richterin betrachtet, die Menschen bestraft, die sich schlecht verhalten haben. In manchen Legenden wird sie als Geisterkönigin bezeichnet, die die Seelen der Verstorbenen sammelt und über sie richtet. Während der Perchtenläufe aber hält sie die Geister der Dunkelheit in Schach und bringt Glück und Wohlstand für das kommende Jahr.

### „Klöpfeln“ am Tag der unschuldigen Kinder

In einigen Regionen in Bayern verbreitet ist der Brauch des „Klöpfelns“. Der Ursprung dieses Brauchs ist nicht genau bekannt. Es handelt sich aber um einen sehr alten Brauch, der seit Jahrhunderten weitergegeben wurde und seine Wurzeln wohl auch in Wintersonnenwendritualen hat. Am 28. Dezember, dem „Tag der unschuldigen Kinder“, ziehen meist junge

Burschen, die als „Klöpfler“ bezeichnet werden, festlich gekleidet, mit Glocken geschmückt und singend von Haus zu Haus und klopfen mit einer Stange oder einem Stock an die Haustüren. Sie wünschen den Bewohnern ein frohes, gesegnetes neues Jahr und bitten um eine kleine Spende. Früher ließen sie sich als Dankeschön mit Speis und Trank bewirten. Die Klöpfellieder und Verse variieren je nach Region und Tradition. In der Regel handelt es sich um alte, überlieferte Lieder, die von Generation zu Generation weitergegeben wurden. Das Klöpfeln ist ein geselliges und gemeinschaftliches Ereignis, das die Menschen zusammenbringt und eine Atmosphäre der Verbundenheit und Freude schafft.

Das Klöpfeln oder auch Anklöpfeln war aber durchaus auch ein Orakelbrauch. Dem Volksglauben nach konnte man mit dem Anklöpfeln die Zukunft erforschen. Dazu musste man aber zur richtigen Stunde an Stallwände klopfen. Dann konnte man der Überlieferung nach die Haustiere von den Toten des kommenden Jahres reden hören. In Tirol waren die letzten drei Donnerstage vor Weihnachten als Klöpfelnächte oder auch Lostermine bekannt. Der Kirche hat dieser Brauch naturgemäß nicht besonders gefallen und so wurde er immer wieder verboten oder mit bestimmten Auflagen versehen.

### Drei ganz besondere Rauhnächte

Weihnachten und Silvester gehören noch heute zu den wichtigsten Festen im Jahr. Dass auch diese beiden Feierlichkeiten eng mit den Rauhnächten in Verbindung stehen, wissen aber wohl nur noch die wenigsten. Tatsächlich gehören Weihnachten und Silvester zusammen mit dem Dreikönigstag zu den wichtigsten

Rauhnächten. Um diese drei christlichen Feste ranken sich zahlreiche Mythen und Legenden.

Selbst das Silvesterfeuerwerk ist keine Erfindung der Neuzeit, sondern ein uralter Brauch, den schon die Germanen kannten. Sie glaubten nämlich, dass am 31. Dezember, also genau in der Mitte der Rauhnächte, Gott Wotan, in manchen Gegenden auch Odin oder gar Frau Holle, mit einem wilden Heer durch die Nacht ritt und allerlei Unheil anrichtete. Mit Höllenlärm sollte die Wilde Jagd, wie dieses Heer der Legende nach hieß, in Schach gehalten werden. Denkt man daran, wie in der damaligen Zeit die Winterstürme durch die Dachbalken gepfiffen haben müssen, so kann man das leicht mit den Geräuschen einer wilden Jagd gleichsetzen. Noch heute wird vielen Menschen unheimlich zumute, wenn draußen der Wind um die Ecken heult. Soweit hergeholt war die Vorstellung von wilden Reitern also nicht. Nach der Überlieferung brachte es großes Unheil, wenn man die Wilde Jagd aber auch nur hörte.

Nicht nur die wilden Jäger sollten in dieser besonderen Rauhnacht vertrieben werden, auch die Dunkelheit musste weichen. Dazu zündeten unsere Vorfahren Holzräder an und ließen sie brennend ins Tal rollen. Um Licht in der Dunkelheit geht es auch in vielen Weihnachtsbräuchen. Heute leuchten die Lichter am Weihnachtsbaum in Erinnerung an das Christkind, das Licht in die Dunkelheit gebracht hat. Das Licht steht für Leben, die Dunkelheit für Tod. Früher stellten die Menschen in den Rauhnächten Kerzen ins Fenster, um ihrer toten Angehörigen zu gedenken. An Heiligabend wurde ein spezielles Heiligabendlicht auf den Tisch gestellt. Der dazugehörige Leuchter wurde von Generation zu Generation weitergereicht.

Die Kerze wurde erst gelöscht, wenn die Familie ins Bett ging. Der Kerzenstummel wurde sorgfältig aufbewahrt, denn er kam im Laufe des Jahres noch zu besonderen Anlässen zum Einsatz. Bei Gewitter zum Beispiel wurde die Heiligabendkerze zum Schutz angezündet, aber auch wenn ein Familienmitglied schwer erkrankt war.

Es war auch üblich, auf der Weihnachtstafel ein Gedeck mehr aufzutragen, für unerwartete Gäste oder einen Bedürftigen. In manchen Gegenden, zum Beispiel im Erzgebirge und im Vogtland ist es noch heute Brauch, als traditionelles Festessen ein „Neunerlei" aufzutischen. Das Essen bestand aus neun unterschiedlichen Bestandteilen. In Polen mussten in Erinnerung an die zwölf Apostel sogar zwölf unterschiedliche, wenn auch kleine Köstlichkeiten auf dem Tisch stehen. Das Essen spielte auch an Silvester eine wichtige Rolle. So gab es in vielen Gegenden schon früher den traditionellen Neujahrskarpfen, der natürlich zu Hause ausgenommen und geschuppt wurde.

Eine Schuppe des Karpfens wurde aufgehoben und sorgsam im Portemonnaie verwahrt, im festen Glauben, dass das Geld im neuen Jahr nicht ausgehen würde.

Die Sternsinger, die heute am Dreikönigstag von Haus zu Haus ziehen, Spenden sammeln und den Segen der Sternsinger bringen, haben ihren Ursprung in den Perchtenumzügen. Das Christentum setzte dem lauten Treiben der Perchten schon im Mittelalter ein Ende, indem statt der mit Fellen und schaurigen Masken verkleideten Gestalten an diesem Tag die Heiligen Drei Könige durch die Gemeinden zogen.

## Wichtige Verhaltensregeln in der magischen Zeit

Einige Bräuche und Gepflogenheiten unserer Vorfahren während der Rauhnächte muten heute zumindest etwas rätselhaft an. Andere dagegen wären nach wie vor sehr wünschenswert, wie zum Beispiel der Brauch, bis zum Jahresende alles Ausgeliehene zurückgegeben zu haben. Wie oft ärgern wir uns heute, wenn entliehene Bücher, Werkzeuge oder sonstige Dinge nicht wieder zurückgebracht werden? Wir überlegen uns doch sehr genau, wem wir etwas anvertrauen und wem nicht. Unsere Ahnen waren davon überzeugt, dass sie mit ihren Handlungen die Zukunft maßgeblich mitbestimmen konnten. Schließlich waren sie eng mit der Natur verbunden und glaubten fest an einen Zusammenhang zwischen ihrem Tun und der Reaktion der Natur. Zum Jahresende sollte der Tisch auch im übertragenen Sinne rein sein. Und dazu gehörte es, dass alle Schulden beglichen waren. Das ist heute in vielen Fällen sicher nicht mehr so einfach, aber wünschenswert wäre es schon. Wie viel leichter wäre das Leben, wenn wir ganz ohne Altlasten in jedes neue Jahr starten könnten.

Ein noch heute sehr bekannter Brauch ist es, zwischen Weihnachten und Neujahr keine Wäsche zu waschen und sie zum Trocknen aufzuhängen. Fast jede Großmutter hat zu diesem Brauch eine Geschichte aus der Kindheit parat. Sinn und Zweck dieses Brauches war es ursprünglich, umherirrenden Geistern und den Reitern der Wilden Jagd keine Hindernisse in den Weg zu stellen. Sie konnten sich leicht in den Leintüchern verfangen und das bedeutete für den Hausbesitzer großes Unheil. Denn aus dem Leintuch wurde dann ein Leichentuch und das bedeutete, dass jemand in der Familie im kommenden Jahr sterben würde. In manchen Gegenden bezog sich das Verbot, Wäsche zu waschen, nur auf weiße Bett- und Tischwäsche, also alles, was sich als Leichentuch eignete. In anderen Gegenden war Waschen generell verboten. Alle Räder und geschäftige Betriebsamkeit sollte in den Rauhnächten stillstehen und die Menschen sollten das durch ihr Verhalten auch zum Ausdruck bringen. Am Rande angemerkt sei ein weiterer Brauch, der nicht nur in den Rauhnächten, sondern das ganze Jahr über galt: Ein Regenschirm durfte niemals im Haus aufgespannt werden. Auch das bedeutete den Tod eines Hausbewohners. Wer noch mit diesen abergläubischen Erzählungen aufgewachsen ist, sieht es nur sehr ungern, wenn Besucher ihre geöffneten Regenschirme in einem Flur zum Trocknen aufstellen.

Die Liste der Verhaltensregeln für die Rauhnächte ist sehr lang und nicht alle Konsequenzen so drastisch. So sollte man sich nicht die Haare und Nägel schneiden, sonst könnte man im kommenden Jahr Kopfschmerzen bekommen oder gar an Gicht erkranken. Ein Ausschlag drohte demjenigen, der in den Rauhnächten Äpfel und Nüsse vom Boden aufhob. Und wer im Freien aß, würde im neuen Jahr ständig hungrig sein. Wurden die Türen laut zugeschlagen, konnte das ein schweres Gewitter heraufbeschwören. Wenn man Frau Holle dadurch verärgerte, dass man in dieser Zeit doch arbeitete, bestrafte sie das mit einer Mäuse- und Rattenplage. Kirchliche

Eheschließungen sollten auch nicht in den Rauhnächten erfolgen. Diesen Ehen, so glaubte man, war kein Glück beschieden. Andererseits waren während der Rauhnächte geborene Kinder wahre Glückskinder oder sie konnten, je nach Region, doch zumindest Geister sehen.

Fenster und Türen mussten in der Dunkelheit fest verschlossen gehalten werden, weil Frau Holle mit den unschuldigen Kindern oder wahlweise Odin mit seinem wilden Heer durch die Lüfte schwirrten und dabei ins Haus gelangen konnten. Auch der Brauch, zu Neujahr Fliegenpilze (in Form von Marzipanfiguren) als Glücksbringer zu verschenken, hat seinen Ursprung bei Odin, der in den Rauhnächten durch die Gegend ritt: Wenn er nämlich seinem Pferd die Sporen gab, fielen Blutstropfen auf die Erde und daraus wuchsen neun Monate später Fliegenpilze! Und die niedlichen Marzipanschweinchen gehen auf Frau Holle zurück, die auf einem Wildschwein durch die Lüfte geritten sein soll. Auf die ein oder andere Art stammen eben die meisten unserer Weihnachts- und Neujahrsbräuche aus dieser magischen Zeit, mögen sie uns auch noch so modern vorkommen.

## Wie geschaffen für einen Blick in die Zukunft

Weihnachten, Silvester und Dreikönig gehörten nicht nur zu den wichtigsten Rauhnächten, sondern waren auch bedeutende Lostage. Sie waren wie geschaffen für Traumrituale und Orakel. Das traditionelle Bleigießen ist noch heute ein beliebter Brauch, aber eher humorvoll gemeint. Für unsere Vorfahren hatte der Blick in die Zukunft indes nichts mit Vergnügen zu tun. Ganz im Gegenteil. Propheten, Seher und Weissager hatten Hochkonjunktur. Es gab aber auch ganz weltliche Orakel, zum Beispiel für die Wettervorhersage. Wer genau wissen wollte, wie das Wetter in jedem einzelnen Monat des kommenden Jahres wurde, stand in den Rauhnächten auf und notierte sich die aktuelle Wetterlage. War es zum Beispiel neblig, dann würde es im entsprechenden Monat im kommenden Jahr eher nass werden. Eine helle, klare Nacht versprach dagegen trockenes Wetter. Und wenn es heftig schneite, würde das kommende Jahr ein fruchtbares Jahr. Es ging indes auch bequemer, mit dem Zwiebelorakel.

Dazu wurde eine Zwiebel halbiert und aus jeder Hälfte sechs Zwiebelschichten herausgepellt. Die zwölf Zwiebelschalen wurden der Reihe nach auf ein Brett, meist das Fensterbrett gelegt und mit einer Prise Salz bestreut. War das Salz etwa der ersten Zwiebelschale am nächsten Morgen nass, versprach das einen nassen Monat Januar, blieb das Salz trocken, deutete das auf eine trockene Witterung hin.

Es waren solche und andere Beobachtungen, aus denen unsere Ahnen die unterschiedlichsten Dinge ableiteten. Fehlten zum Beispiel an einer Jacke Knöpfe, dann deutete die Anzahl darauf hin, wie oft der Besitzer der Jacke im kommenden Jahr Geld verlieren würde. Nun war es gewiss nicht jedes einmalige Ereignis, das Eingang in die Zukunftsbetrachtungen in jener Zeit fand. Vielmehr entstanden diese Deutungen aus Erfahrungen, die innerhalb einer Gemeinschaft weitergegeben wurden und die sich durch Wiederholungen als relevant bestätigten. Es scheint also häufiger vorgekommen zu sein, dass die Anzahl der fehlenden Jackenknöpfe und der Verlust von Geld im folgenden Jahr übereingestimmt haben.

Heute würden wir in diesen Fällen von „Zufall" sprechen, aber damals war Aberglaube weit verbreitet und die Rauhnächte eine sehr bedeutungsvolle Zeit, in der nun einmal alles möglich war. Diese alten Überzeugungen erscheinen uns heute irrational, aber sie enthalten den tiefen Wunsch unserer Ahnen, sich in einer sich ständig verändernden und oft unerklärlichen Welt zu behaupten. Der Aberglaube bot ihnen eine Art Sicherheit und Kontrolle in einer Zeit, in der das Unheimliche, Unbekannte, Angstmachende allgegenwärtig war. Die Rauhnächte „außerhalb der Zeit" verstärkten diese Empfindung des Übersinnlichen und boten eine Chance, in die Geheimnisse der Welt einzutauchen.

### Rauhnachtsträume und ihre besondere Bedeutung

Deshalb verwundert es auch nicht, dass Träume während der Rauhnächte von immenser Bedeutung waren. Den Träumen in den Rauhnächten wird nachgesagt, dass sie intensiver sind als in anderen Nächten. Der Überlieferung nach enthält jeder Traum, den man in dieser Zeit geschenkt bekommt, eine Vorhersage für das kommende Jahr. Alle Träume der ersten drei Rauhnächte sollen immer in Erfüllung gehen. Was man in den anderen Rauhnächten träumt, wird im entsprechenden Monat des kommenden Jahres wahr, abhängig von der Uhrzeit des Traumes: Vor Mitternacht bedeutet, der Traum erfüllt sich zu Beginn eines Monats, nach Mitternacht eher zum Ende des Monats hin. Allerdings sind die jeweiligen Traumnächte auch selbst Symbol. Träumt man in der ersten Nacht – egal was – ist das ein Zeichen dafür, sich im kommenden Jahr nicht zu stark zurückzuziehen, sondern die Gemeinschaft mit anderen zu suchen. Ein Traum in der zweiten Rauhnacht spricht für eine schlechte Gesundheit. Das Traumsymbol für den Monat März ist neues Wissen, der April spricht für ein gelöstes Problem und so weiter.

Für die Traumdeutung sollte der Gesamtzusammenhang zum Beispiel auch mit den Erlebnissen des Tages und jedes einzelne Traumbild betrachtet werden. Dennoch ergeben sie in der Gesamtschau auch nur einen ungefähren Anhaltspunkt. Dem Träumenden aber können sie eine wichtige Hilfe sein, um Veränderungen vorzunehmen oder einen gänzlich anderen Weg einzuschlagen. Traumdeutung in den Rauhnächten gehört heute zu den beliebtesten Ritualen.

Nicht immer kann man sich an einen Traum erinnern, manchmal sind es nur einzelne Bilder oder Fragmente, die am nächsten Morgen noch abrufbar sind. Damit sich ein Bild ergibt, führen viele Menschen, die die Rauhnächte für sich wiederentdeckt haben, ein Traumtagebuch und notieren gleich nach dem Aufwachen das, woran sie sich noch erinnern können oder was sie in diesem Augenblick fühlen und denken.

Es ist ohnehin in diesem Zusammenhang nur wichtig, welche Bedeutung der Traum für dich selbst hat. Deshalb spielen Gefühle und Gedanken eine größere Rolle als die konkreten Geschehnisse im Traum selbst. Vieles hat eine übertragene

Bedeutung. Wenn im Traum dein Haus abbrennt, heißt das noch lange nicht, dass das tatsächlich passieren wird. Vielmehr kann ein solcher Traum auch nur auf einen Verlust allgemein hindeuten oder auf eine Erleichterung. Im Grunde genommen weisen Träume immer nur auf unterdrückte Gedanken und Gefühle hin, die im Unterbewusstsein schwelen und darauf warten, an die Oberfläche zu kommen. So kann der Traum vom brennenden Haus auch bedeuten, dass es etwas in deinem Leben gibt, das im wahrsten Wortsinn aufgelöst werden sollte.

### Von Wünschen und Orakeln

Da die Schleier zur Geisterwelt in den Rauhnächten durchlässiger waren als zu anderen Zeiten, waren die Rauhnächte geradezu prädestiniert dazu, Wünsche ins Universum zu schicken und zu orakeln. Über die 13 Wunschzettel und das damit zusammenhängende Ritual haben wir schon gesprochen. Es gab noch viele weitere Rituale, um Herzenswünsche zu äußern.

### Wünsche sichtbar machen

Statt in der Vorbereitung der Rauhnächte 13 Wünsche auf Zettel zu schreiben, war und ist es auch heute möglich, an einem beliebigen Tag in dieser Zeit einen wirklich wichtigen Wunsch aufzuschreiben und gleich zu verbrennen. Oder den Zettel mit einem fließenden Gewässer, also einem Fluss oder Bach, abzuschicken.

Um die Energie der Rauhnächte für deine Wünsche und Ziele zu nutzen, kannst du auch ein sogenanntes „Vision Board“ gestalten. Dazu wird aus den Wünschen und Zielen eine Collage aus Bildern, Worten und Symbolen erstellt und in der Zeit der Rauhnächte an einem besonderen Platz aufgestellt. Die Wünsche und Ziele werden auf diese Art auch für das Universum sichtbar.

Interessant ist auch das Ritual, während der Rauhnächte Sternenstaub in Form von Glitzerstaub oder glänzenden Perlen als Symbole für einzelne Wünsche in einem Beutel oder einer Schachtel zu sammeln. So werden die Wünsche gebündelt und du kannst die Kraft der Sterne für ihre Erfüllung zu nutzen.

Bei allen Ritualen geht es durch Bündelung letztlich darum, sich auf die Wünsche, Träume und Ziele zu fokussieren. So wird die Verbindung zu den kosmischen Kräften gestärkt und positive Energie in Bewegung gesetzt.

Die dünnen Schleier zwischen den Welten ermöglichten immer schon einen direkten Blick auf verborgene Geheimnisse. Um Antworten auf wichtige Lebensfragen zu erhalten, führten unsere Ahnen in den Rauhnächten die unterschiedlichsten Orakel und Weissagungen durch. Die Menschen wollten wissen, wie sich ihre finanzielle Situation im kommenden Jahr entwickeln würde, wie die Chancen für Gesundheit und Wohlbefinden standen und welche Herausforderungen das neue Jahr mit sich bringen würde. Es wurden zum Beispiel Karten gelesen, Pendel und Wünschelruten befragt oder andere Orakelgegenstände benutzt. Da die Liebe für viele Menschen, in jener Zeit aber insbesondere für junge, unverheiratete Mädchen und Frauen eine zentrale Rolle spielte, boten die Rauhnächte eine einzigartige Gelegenheit, etwas über einen möglichen, zukünftigen Ehemann zu erfahren. Über das Apfelorakel haben wir schon gesprochen. Es gab aber noch eine ganze Reihe weiterer Orakelmöglichkeiten. Eine davon war das Schuhwerfen.

Dazu stellte sich die unverheiratete Frau mit dem Rücken zu einer offenen Tür und warf einen Schuh über die Schulter. Zeigte der Schuh mit der Spitze zur Tür, so war eine Heirat im kommenden Jahr nicht in Sicht. Zeigte die Schuhspitze dagegen von der Tür weg, so bedeutete dies, dass sie im nächsten Jahr heiraten und das Haus verlassen würde.

Schon gefährlicher war es, um Mitternacht an einem bestimmten Kreuzweg oder sonst einem magischen Ort auf den künftigen Liebsten zu warten. Kam er tatsächlich, durfte er nicht angesprochen und ihm auch nicht nachgeschaut werden. Dazu muss man wissen, dass es Frauen und Kindern in den Rauhnächten streng verboten war, das Haus nach Einbruch der Dunkelheit zu verlassen. Um dieses Orakel durchzuführen, war also eine gehörige Portion Mut erforderlich oder der Wunsch nach einem Ehemann sehr dringlich.

In den magischen Nächten zwischen den Jahren offenbarte sich für unsere Ahnen eine Pforte zur Weisheit des Universums, wo Vergangenheit, Gegenwart und Zukunft verschmolzen. Orakel und Weissagungen, das Übergeben von Wünschen an die Sterne waren für sie nicht einfach nur alte Bräuche, sondern heilige Rituale, um sich mit der Kraft des Kosmos zu verbinden und ihre innigsten Sehnsüchte in die Unendlichkeit zu senden. Auch für den modernen, von Hektik umgebenen Menschen, bergen die Rauhnächte einen kostbaren Schatz, unsere Herzenswünsche zu erkunden und den Schlüssel zu unserer Seele wiederzufinden.

# Aberglaube und übernatürliche Wesen

Die Rauhnächte sind eine Zeit, in der uralte Bräuche, geheimnisvolle Rituale und übernatürliche Wesen eine magische Einheit bilden. Es ist eine Zeit, in der der Aberglaube hochlebt und die Menschen dem Unbekannten und Unerklärlichen mit einer gewissen Ehrfurcht begegnen. Die Nächte sind erfüllt von Geheimnissen und Geschichten über dunkle Gestalten, die zwischen den Welten umherstreifen, über gute und böse Geister, die das Schicksal der Menschen beeinflussen, und über die Macht der Symbole und Schutzzeichen, die vor allem Übel bewahren sollen.

Im Laufe der Jahrhunderte haben einige der guten und bösen Geister, die mit den Rauhnächten in Verbindung gebracht werden, eine bemerkenswerte Berühmtheit erlangt. Ihre Geschichten und Legenden wurden von Generation zu Generation weitergegeben und haben sich im Laufe der Zeit zu Erzählungen entwickelt, die bis heute nichts von ihrer Faszination verloren haben. Die Berühmtheit dieser geisterhaften Figuren zeigt, wie tief verwurzelt der Aberglaube und die Überlieferungen rund um die Rauhnächte in den Kulturen und dem kollektiven Gedächtnis der Menschen sind. Sie sind Teil einer reichen Tradition, die bis heute die Vorstellungskraft beflügelt und uns daran erinnert, dass die Grenzen zwischen Realität und Mystik oft fließend sind. Diese beeindruckenden Geschichten bereichern die Rauhnächte mit einer geheimnisvollen Atmosphäre und lassen uns die Magie vergangener Zeiten spüren.

## Geister, Dämonen und andere mythologische Figuren

Der Überlieferung nach trieben zahlreiche rätselhafte Geister, Dämonen und andere übernatürliche Gestalten in den Rauhnächten ihr Unwesen. Ihre Geschichten und Legenden sind so alt wie die Zeit selbst und fesseln uns bis heute mit ihrer unvergleichlichen Mystik und Magie. Die Bedeutung der Geschichten und Legenden ging für unsere Ahnen weit über bloße Unterhaltung hinaus. Sie waren Spiegelbilder ihrer Ängste, Träume und Fragen. In einer Welt, in der das Leben von den Elementen und den Launen der Natur bestimmt wurde, suchten die Menschen nach Erklärungen für das Unerklärliche. Die Rauhnächte boten eine Bühne für diese Erzählungen, in der das Übernatürliche in greifbare Nähe rückte.

Heute, in einer Zeit, in der die meisten Geheimnisse der Welt enthüllt scheinen, bleibt dennoch eine Sehnsucht nach dem Mysterium bestehen. Die Legenden der Rauhnächte erinnern uns daran, dass es mehr gibt, als unsere Augen sehen können, und dass unsere Vorstellungskraft ein mächtiges Instrument ist, um die Welt in ihrer Tiefe zu erkunden. Indem wir uns mit diesen alten Geschichten verbinden, treten wir in die Fußstapfen unserer Ahnen und öffnen uns für das

Wunderbare, das über das Alltägliche hinausgeht – genau, wie es die Rauhnächte selbst tun.

## Frau Holle und ihre unterschiedlichen Rollen in der Mythologie

Eine der faszinierendsten Figuren der Rauhnächte ist Frau Holle. Den meisten Zeitgenossen dürfte sie nur in ihrer gütigen Form im gleichnamigen Märchen der Gebrüder Grimm bekannt sein. Sie wird auch in der Mythologie häufig mit einer Winter- und Wettergöttin in Verbindung gebracht. In den Rauhnächten galt sie unseren Vorfahren als Beschützerin von Haus und Hof, die Fleiß und Ordnung belohnte, aber durchaus auch strafen konnte.

Das kommt ebenfalls in der Geschichte der Gebrüder Grimm zum Ausdruck. In der noch heute sehr bekannten Erzählung stellt Frau Holle eine fleißige und eine faule Tochter auf die Probe. Die fleißige wird reich belohnt, die faule Tochter dagegen mit harten Konsequenzen bestraft. Die beiden Mädchen müssen in dem Märchen unter anderem die Betten aufschütteln, damit es auf der Erde kräftig schneit. Die Natur soll durch eine dicke Schneedecke vor der Eiseskälte geschützt werden. Diese Erzählung ist eng mit den Rauhnächten verbunden, denn in der Zeit des Übergangs soll Frau Holle Haus und Hof überprüft und die Bewohner entsprechend zur Rechenschaft gezogen haben. Fleißige Menschen wurden belohnt und faule wurden bestraft, ganz so wie im Märchen der Gebrüder Grimm.

In der Überlieferung wird Frau Holle aber auch mit den unschuldigen Kinderseelen in Verbindung gebracht. In manchen Regionen glaubte man, dass in den Rauhnächten die Seelen der verstorbenen Kinder zur Erde zurückkehrten oder in Form von Schneeflocken auf die Erde fallen. Frau Holle soll die unschuldigen Kinderseelen beschützt und in dieser geheimnisvollen Zeit behütet haben. In einigen Überlieferungen wird Frau Holle auch als Göttin der Fruchtbarkeit und des Wachstums angesehen. Sie wird mit dem Beginn des Frühlings und dem Wiedererwachen der Natur in Verbindung gebracht. In dieser Rolle repräsentiert sie den ewigen Zyklus des Lebens, in dem die Natur nach der Winterruhe wieder zu neuem Leben erwacht. Darüber hinaus gilt sie oft auch als Hüterin der Geheimnisse und des verborgenen Wissens über die Natur, die Magie und die kosmischen Zusammenhänge. In den Rauhnächten wird ihr eine besondere Verbindung zur Geisterwelt und den übernatürlichen Wesen zugeschrieben. In ihrer Rolle als Weisheitsgestalt und Lehrerin soll sie in den Rauhnächten bereit gewesen sein, ihr Wissen und ihre Weisheit mit denen zu teilen, die auf der Suche danach waren. Und sie erteilte den Menschen wichtige Lektionen und Einsichten für das Leben.

Mitunter wird Frau Holle auch als eine Schutzgöttin angesehen, die die Menschen in den Rauhnächten vor bösen Geistern und Dämonen bewahrte. Sie ist eine vielseitige und sehr mächtige Gestalt, die in dieser Zeit eine starke Präsenz hat und die Menschen in ihren Bann zieht. Ihre Anwesenheit in den Rauhnächten erinnerte unsere Vorfahren daran, dass die Winterzeit eine Zeit der Ruhe, Besinnung und Reinigung ist. Eine Zeit, in der sich jeder mit seiner Tugendhaftigkeit und seinem Verhalten auseinandersetzen und sich bewusst machen sollte, dass seine Handlungen Konsequenzen haben. Frau Holle steht dabei symbolisch für die Natur und die kosmischen Kräfte, die in den Rauhnächten wirken. Sie lädt uns auch heute noch dazu ein, uns mit der Magie und dem Mysterium dieser besonderen Zeit zu verbinden.

Frau Holle wird in manchen europäischen Regionen auch Holda, Hulda oder Huldra genannt. Neben Frau Holle taucht in einigen Überlieferungen zudem die „Weiße Frau“ auf, eine geheimnisvolle Erscheinung, die oft mit einer verstorbenen Frau oder einer Schutzgöttin in Verbindung gebracht wird. Sie soll sowohl eine Schutzfunktion haben als auch als Vorzeichen für Tod und Unheil gelten.

## Die verschiedenen Anführer der Wilden Jagd

Die Wilde Jagd oder das wilde Heer, das zusammen mit einem in den verschiedenen Kulturen und Religionen jeweils anderen Anführer in den Rauhnächten ihr Unwesen getrieben haben, ist eine uralte Legende, die je nach kulturellem oder regionalem Hintergrund stark variiert, aber einige grundlegende Elemente teilt, die in fast allen Überlieferungen vorkommen.

So ist die Wilde Jagd oft eine geisterhafte Gesellschaft, die in den Rauhnächten durch den Himmel oder über das Land zieht. Sie besteht aus Geistern, verstorbenen Seelen, Dämonen oder auch Naturgeistern, deren Auftreten als Zeichen einer bevorstehenden Katastrophe oder großer Veränderungen gesehen wurde. Manchmal symbolisiert die Wilde Jagd den Anfang, manchmal das Ende eines Zyklus oder einer neuen Ära. Sie galt als Vorboten von Krieg, Seuchen oder anderem Unheil. In einigen Überlieferungen wird die Wilde Jagd auch als Ereignis angesehen, bei dem die Geister der Verstorbenen in ihrer Heimat auftauchen, um ihre Angehörigen zu besuchen. In dieser begrenzten Zeit soll es ihnen möglich gewesen sein, in die Welt der Lebenden zurückzukehren und Verbindung mit ihnen aufzunehmen.

Angeführt wird die Wilde Jagd in aller Regel von einer bedeutenden mystischen Figur wie dem Gott Odin, Wotan oder auch der germanischen Gottheit Holda oder Frau Perchta. Die Perchta ist ebenfalls eine der bekanntesten Gestalten der Rauhnächte, die oft als Herrscherin über die dunkle Jahreszeit angesehen wird. Sie kann sowohl gut als auch böse sein und symbolisiert das Gleichgewicht zwischen Licht und Dunkelheit.

In manchen Regionen Europas ist der Anführer der Wilden Jagd auch der „Wilde Mann" oder der „Waldteufel". Dabei handelt es sich um mythologische Figuren, die oft mit der Wildnis, der Natur und den Naturgewalten in Verbindung gebracht werden. Der Wilde Mann wird als ungezähmte, rätselhafte Gestalt dargestellt, die mit dichtem Fell bedeckt ist oder Tierhäute oder Pflanzen als Kleidung trägt. Sie gilt als geheimnisvolle Figur, die mit den Kräften der Natur assoziiert wird. In den Rauhnächten taucht der Wilde Mann einerseits als Beschützer der Natur und der wilden Tiere auf, andererseits kann er aber auch bedrohlich und gefährlich erscheinen. In einigen Regionen wird er als eine Art Naturgeist oder Waldgeist verehrt, der den Menschen ebenfalls entweder Segen oder Unheil bringt.

Die Legende der Wilden Jagd zeigt die enge Verbindung zwischen den Rauhnächten und dem Übergang zwischen Leben und Tod auf. Sie erinnerte unsere Ahnen daran, dass die Grenzen zwischen den Welten in dieser Zeit besonders dünn sind und dass die Geister der Vergangenheit und der Zukunft eine besondere Rolle spielen. Heute kann uns die Legende von der Wilden Jagd dazu einladen, uns bewusst mit den Geheimnissen der Vergangenheit und der Schicksalskräfte in Verbindung zu setzen und uns auf die bevorstehenden Veränderungen in unserem Leben vorzubereiten.

## Urd, Verdandi und Skuld weben das Schicksalsseil

In der nordischen Mythologie spielen die drei Nornen eine wichtige Rolle. Sie stehen eng mit dem Schicksal und dem Lebensweg der Menschen in Verbindung und gelten deshalb als Schicksalsgöttinnen. Es gibt drei Nornen: Urd, Verdandi und Skuld. Urd ist die Vergangenheit, Verdandi die Gegenwart und Skuld die Zukunft. Gemeinsam weben sie das Schicksalsseil, auch Wyrd oder Örlög genannt, eines jeden Menschen. Die drei Nornen sind mächtige und besonders geheimnisvolle Wesen, die über das Leben der Menschen bestimmen. In den Rauhnächten wird ihre Präsenz besonders intensiv wahrgenommen. Es heißt, sie sind während dieser Zeit sehr aktiv und können die Wege der Menschen besonders stark beeinflussen, da in den Rauhnächten das Schicksal greifbar ist und die Menschen sich bewusst mit ihrer Vergangenheit, Gegenwart und Zukunft auseinandersetzen.

Die Nornen erinnerten unsere Ahnen daran, dass alle nur Teil eines größeren Ganzen sind, dessen Fäden eng miteinander verknüpft sind. In den Rauhnächten war es ihnen möglich, die Weichen neu zu stellen und Verantwortung für ihr Schicksal zu übernehmen. Für den modernen Menschen können die drei Nornen als Symbol dafür betrachtet werden, dass wir den Launen des Lebens eben nicht einfach ausgeliefert sind. Vielmehr haben wir die Fähigkeit, die Richtung zu wählen und bewusst das Schicksal zu lenken. Die Vorstellung, dass wir selbst Webende und Webstuhl sind, die die Fäden unseres Lebens in den Händen halten, ermutigt uns, die Verantwortung für unser Wohlergehen zu übernehmen. Dieser Gedanke hallt bis heute wider, wenn wir die Rauhnächte nutzen, um unsere Ziele und Wünsche für das kommende Jahr zu formulieren.

## Geschichten und Legenden rund um die Rauhnächte

Die Rauhnächte waren für unsere Ahnen und sind noch heute für uns nicht nur eine Zeit der Besinnung und Reflexion, sie sind auch eine Zeit der Begegnung mit dem Übernatürlichen und der Verbindung mit der spirituellen Welt. Davon zeugen zahlreiche Sagen und Mythen rund um die Rauhnächte. Sie sind Teil unseres kulturellen Erbes und zeigen die Vielfalt der Überlieferungen und Bräuche, die mit dieser geheimnisvollen Zeit des Jahres verbunden sind.

Neben den Legenden von der Wilden Jagd, Frau Holle, Perchta und den Nornen kennt die Überlieferung Sagen über ganz unterschiedliche Gestalten wie zum Beispiel die „Nachzehrer“. Sie sind hauptsächlich in den slawischen Regionen bekannt und ähneln den Vampiren. Es soll sich dabei um die Seelen Verstorbener handeln, die in den Rauhnächten zurückkehren und nach Lebensenergie suchen. Die Menschen versuchten sich vor den Nachzehrern zu schützen, indem sie in dieser Zeit sämtliche Spiegel wegräumten und keine Lebensmittel offen stehen ließen.

In der Nähe von Gewässern erzählte man sich Geschichten von Wassernixen, die in den Rauhnächten aus den Fluten auftauchen und ihr Unwesen treiben. Davor konnten sich die Menschen schützen, indem sie an den Ufern Opfer hinterlassen haben. Kleine Geschenke und Gaben wurden auch für die vielen Feen und Elfen hinterlegt, die in den Rauhnächten zwischen den Welten umherwandern.

Nicht alle Geschichten und Legenden der Rauhnächte drehen sich um gespenstische Wesen und das Unheil, das sie anrichten können. Schließlich waren die Rauhnächte auch immer eine Zeit der Hoffnung und des Neubeginns.

> So beruht der Kuss, mit dem sich die Menschen um Mitternacht zu Neujahr begrüßen, auf der Legende, dass der erste Kuss, der im neuen Jahr vergeben wird, Glück und Liebe bringt.

## Schutzmaßnahmen und Abwehr von negativen Einflüssen

Die bösen Geister und all das Unheil, das sie mit sich bringen konnten, war Anlass für unsere Ahnen, sich allerlei Schutzmaßnahmen auszudenken. Von Kreidekreisen, schützenden Symbolen an Türen und Fenstern und Lärm, um böse Geister zu vertreiben, war an anderer Stelle schon die Rede. Darüber hinaus gab es zahlreiche weitere Schutzmaßnahmen, die nicht nur vor negativen Einflüssen schützen, sondern auch eine positive Atmosphäre schaffen sollten.

So wurde in einigen Regionen empfohlen, in den Rauhnächten nur weiße Kleidung zu tragen. Weiß galt als Symbol für Reinheit, Unschuld und spirituelle Reinigung. Zudem wurde die Farbe mit dem Schnee und der Reinheit des Winters in Verbindung gebracht. Der Schnee bedeckt die Erde, schützt sie und lässt sie erneuert und gereinigt erscheinen.

Weiße Kleidung war mithin ein Symbol für die Reinigung und Erneuerung des Körpers und des Geistes. Und weiße Kleidung galt als Zeichen der Hingabe und des Respekts vor den kosmischen Kräften. Sich in den Rauhnächten in weiße Kleidung zu hüllen, zeigte die Bereitschaft, sich den höheren Mächten zu öffnen und sich von allem Negativen zu befreien.

Nicht nur die Häuser wurden in den Rauhnächten mit Schutzzeichen, Runen und Sigillen versehen, sondern auch die Tiere. In einigen Regionen wurden die Schutzzeichen direkt an den Tieren angebracht, um sie vor Krankheiten und bösen Geistern zu schützen. Das konnte aber auch durch das Aufhängen von Amuletten oder das Besprechen der Tiere geschehen. In einigen Regionen gab es spezielle Schutzzauber für das Nutzvieh. Sie wurden von erfahrenen Kräuterfrauen oder Heilern vorgenommen, die sich auf den Zauber und die geheimnisvolle Magie verstanden. Manchmal wurden den Tieren auch bestimmte Heilkräuter verabreicht, um ihre Gesundheit zu stärken. In den Rauhnächten konnten Heilkräuter mit besonderer Kraft und Wirkung versehen werden. Um die Tiere zu reinigen und zu schützen, wurden sie in manchen Regionen durch Rauch oder Flammen geführt.

Die Verbindung von Menschen und Tieren spielt in vielen Kulturen eine bedeutende Rolle. Die Rauhnachtsrituale spiegeln nicht zuletzt die Sorge um das Wohlergehen der Tiere wider. Unsere Vorfahren verstanden, dass die Tiere in ihrer Umgebung ebenso Teil des großen Ganzen waren wie sie selbst. Diese Verbindung spürten sie in den Rauhnächten besonders intensiv. Immerhin war die Winterzeit für Mensch und Tier eine herausfordernde Phase. Die Nahrung war knapp, die Temperaturen eisig, es galt, die Lebenskraft der Tiere zu schützen und damit das Überleben aller zu sichern. Rituale, wie das Aufhängen von Brot und Nüssen für die Vögel oder das Verstreuen von Körnern für die Wildtiere im Wald waren Ausdruck dieser Sorge.

Die Menschen glaubten fest an die Kraft ihrer Maßnahmen und nahmen sie sehr ernst, um sich und ihre Familien vor jeglichem Unheil zu bewahren. Sie sind ein weiteres Beispiel für die tief verwurzelte Mystik und den Aberglauben, der mit den Rauhnächten verbunden ist und bis heute weiterlebt.

# Die persönliche Bedeutung der Rauhnächte

Die Rauhnächte sind geprägt von alten Bräuchen, Ritualen und mystischen Überlieferungen. Sie boten aber immer auch die wertvolle Gelegenheit zur Selbstreflexion und persönlichem Wachstum. Die Rauhnächte fallen in die dunkelste Phase des Jahres, in der die Tage kurz sind und die Natur ruht. In dieser Zeit weicht auch bei uns die Hektik des Alltags einem tiefen Verlangen nach Einkehr, nach neuen Erfahrungen. Die Rauhnächte laden uns dazu ein, innezuhalten und bewusst auf das vergangene Jahr zurückzublicken. Sie laden uns dazu ein, loszulassen, uns von Altem und Belastendem zu befreien und damit Raum für Neues zu schaffen. Und die Rauhnächte bieten die einzigartige Möglichkeit, sich von unerwünschten Gewohnheiten zu befreien und wieder auf das Wesentliche zu konzentrieren.

Die Rauhnächte sind aber mehr als nur eine Zeit des Rückblicks und des Neubeginns. Sie fordern uns dazu auf, uns bewusst auf das kommende Jahr vorzubereiten, uns Ziele zu setzen und Träume und Wünsche zu formulieren. In dieser magischen Zeit können wir uns mit der Natur und unseren inneren Kräften verbinden. Wir können die Stille nutzen, um unsere Intuition zu stärken, unsere Träume zu entschlüsseln und tief in unser Inneres einzutauchen.

## Die Bedeutung der Rauhnächte für die spirituelle und persönliche Entwicklung

Unsere Ahnen waren fest davon überzeugt, dass in den magischen Nächten zwischen Wintersonnenwende und Dreikönigstag die Grenzen zwischen Diesseits und Jenseits verschwimmen und Geister und Dämonen in unsere Welt kommen. Die mystische Atmosphäre ermöglichte es ihnen, sich intensiv mit ihren eigenen Gedanken, Gefühlen und inneren Prozessen auseinanderzusetzen und sich mit ihrer inneren Weisheit und der höheren Wahrheit zu verbinden. In dieser magischen Zeit fühlten sie sich näher an den Geistern der Ahnen und mythologischen Wesen, die als Führer und Ratgeber angesehen wurden. Dadurch konnten sie tiefe Erkenntnisse über sich selbst und ihre Lebenswege gewinnen. Durch ihre Bräuche und Rituale war es ihnen möglich, die eigene Lebenssituation zu klären und sich von Belastungen zu befreien.

Die Zeit zwischen den Jahren ist heute geprägt von fröhlichem Trubel und ausgelassenen Feierlichkeiten. Wir sind mit einer Fülle von Verlockungen und Ablenkungen konfrontiert, die es uns fast unmöglich machen, das Besondere und Einzigartige der Rauhnächte zu entdecken. Heute scheint die Welt niemals stillzustehen, und uns entgeht damit die Gelegenheit, innezuhalten und uns mit uns selbst zu beschäftigen. Die Rauhnächte, die von unseren Ahnen als eine heilige und mystische Zeit angesehen wurde, ist für viele von uns nur noch eine weitere Phase des Jahres, die wir oberflächlich feiern oder gar ganz ignorieren. Wir versäumen damit die tiefgehende Möglichkeit, uns selbst, unsere Bedürfnisse, Wünsche und Träume zu entdecken und für unser persönliches Wachstum und unsere spirituelle Entwicklung zu nutzen.

Die wertvollen Erkenntnisse und Lehren, die unsere Ahnen aus den Rauhnächten und den damit verbundenen Bräuchen und Ritualen gezogen haben, können auch für uns heute nützlich und sinnvoll sein. Sie erinnern uns daran, dass es inmitten der hektischen und schnelllebigen Welt von großer Bedeutung ist, regelmäßig innezuhalten und uns mit uns selbst zu verbinden, um eine tiefere Selbstreflexion und spirituelle Entwicklung zu erfahren. Auch heute noch können wir es unseren Ahnen gleichtun, die schon vor Jahrhunderten die Magie der 12 Rauhnächte für sich zu nutzen wussten: Indem wir uns an den Tagen zwischen den Jahren bewusst Zeit für Rituale und Traditionen nehmen, können wir uns von negativen Energien und Altlasten befreien, Platz für Neues schaffen - und tief gestärkt ins neue Jahr gehen. Es liegt also auf der Hand, die kostbaren Traditionen der Rauhnächte wiederzuentdecken und ihnen den Raum und die Bedeutung zurückzugeben, die sie verdienen.

## Selbstreflexion und Rückblick auf das vergangene Jahr

Die versteckte Schönheit der Rauhnächte liegt gerade in der einzigartigen Möglichkeit für eine tiefgehende Selbstreflexion. Unsere Vorfahren wussten um die heilige Bedeutung dieser besonderen Zeit und sie nutzten sie. Sie erkannten, dass diese mystischen Nächte wie geschaffen dafür waren, in sich zu kehren und die innere Welt zu erkunden. Und sie schätzten die heilende Kraft dieser Zeit. Es war die geheimnisvolle Atmosphäre und die damals ruhige Dunkelheit, die einen Raum der Stille schufen, der wie geschaffen dafür war, innere Ziele und Wünsche zu entdecken. Auch heute noch können uns zumindest einige der Rituale und Bräuche als Leitstern dienen, um das vergangene Jahr Revue passieren zu lassen. Und sie geben uns die Möglichkeit, unsere Erfolge und Herausforderungen zu betrachten und die Lehren, die uns das Leben geschenkt hat, dazu zu nutzen, um zu wachsen und uns weiterzuentwickeln.

Unser modernes Leben ist ein einziges Band von Routine. Die Abläufe sind fast jeden Tag gleich. Das macht es schwer, sich auch nur an die Geschehnisse eines Tages innerhalb der letzten vier Wochen zu erinnern, es sei denn, sie waren so außergewöhnlich, dass sie uns im Gedächtnis geblieben sind. Die kleinen Wünsche und Träume eines Tages haben wir in aller Regel schon am nächsten Tag wieder vergessen. Wie soll man da ein ganzes Jahr Revue passieren lassen?

Meist verschwinden die Erinnerungen an vergangene Ereignisse und Erfahrungen nicht gänzlich, sie sind in unserem Unterbewusstsein noch immer vorhanden. Und tatsächlich gibt es Mittel und Wege, sie wieder ins Bewusstsein zurückzuholen. Jeder kennt das Phänomen, dass man sich auch an Ereignisse erinnert, die Jahre zurückliegen, wenn man ein Bild sieht, einen bestimmten Song hört oder einen Duft wiedererkennt. Nicht nur Erinnerungen tauchen auf, sondern auch die damit verbundenen Gefühle und Stimmungen.

Um das vergangene Jahr noch einmal Revue passieren zu lassen, genügt es vielleicht, den Kalender des zu Ende gehenden Jahres zur Hand zu nehmen und sich die darin notierten beruflichen und privaten Termine anzusehen. Sie führen dich wieder zu Erfolgen, Enttäuschungen, Herausforderungen oder glücklichen Momenten zurück. Erinnere dich daran, wie stolz du warst, als du eine berufliche Herausforderung erfolgreich bewältigt hast. Die Erinnerung daran stärkt das Selbstbewusstsein und erhöht das Selbstvertrauen. Die Erinnerung an Dinge, die nicht so optimal gelaufen sind, kann dir dabei helfen, wichtige Erkenntnisse daraus zu ziehen und Fehler nicht zu wiederholen.

Heute werden nicht nur Termine festgehalten, sondern auch Chatverläufe gespeichert. Sie können ein nützlicher Trigger sein, um die Erinnerung an all die kleinen Sorgen und Nöte des Alltags zurückzurufen. Kleinigkeiten, die dir aber einen Hinweis darauf geben können, was du für dich und dein Leben wirklich willst und was nicht. Wann hast du beispielsweise „Ja“ gesagt, als du eigentlich lieber „Nein“ gesagt hättest?

Der Rückblick auf die Ereignisse des vergangenen Jahres,

auf die Gefühle und Stimmungen kann dir dabei helfen, deine Stärken und Schwächen zu erkennen, künftig Fehler zu vermeiden und bessere Entscheidungen zu treffen.

## Loslassen und Raum für Neues schaffen

Das Loslassen von allem, was uns belastet, um damit Raum für etwas Neues zu schaffen, gehört zu den zentralen Elementen der Rauhnächte. Die verschiedenen Rituale und Bräuche sollen uns dabei unterstützen, uns von belastenden Erlebnissen und unerwünschten Gewohnheiten zu befreien und damit Platz für einen Neuanfang schaffen.

Spezielle Rituale, die das Loslassen ermöglichen, wurden in vielen Kulturen praktiziert. Am bekanntesten ist wohl, die Belastungen symbolisch dem Feuer zu übergeben und sie damit in Rauch und Asche aufzulösen.

Dazu schreibst du alles Negative, das du loslassen möchtest, auf einen Zettel, den du anschließend verbrennst. Es ist auch möglich, den Zettel einem fließenden Gewässer zu übergeben, in dem das Negative gewissermaßen davon getragen wird.

Auch Räucherrituale können dir dabei helfen, deine Altlasten loszuwerden. Stelle dir vor, wie der Rauch alle belastenden Gedanken und Gefühle fortträgt. Geeignet sind Kräuter wie Salbei, Wacholder, Beifuß und Weihrauch. Denselben Effekt hat Meditation. In der Meditation kannst du dich bewusst auf das Loslassen von Negativem konzentrieren.

Stelle dir vor, wie die negativen Gedanken und Emotionen aus dem Körper fließen und durch positive, heilende Energien ersetzt werden.

Groll und negativen Gefühlen gegenüber anderen Menschen begegneten unsere Vorfahren in den Rauhnächten durch Vergebung. Vergebung ermöglicht es, alte Verletzungen loszulassen und sich selbst von der Macht, die diese negativen Gefühle haben, zu befreien. Spezielle Praktiken und Rituale halfen unseren Ahnen dabei, wirklich und wahrhaftig zu vergeben. Denn alte Konflikte und Verletzungen einfach so zu vergeben, war und ist auch heute noch nicht leicht.

Eines der Rituale, die du auch heute noch durchführen kannst, besteht darin, der betreffenden Person einen Brief zu schreiben – ohne ihn abzuschicken. Bringe all deine negativen Gefühle zu Papier und sage deinem Gegenüber, was du ihm zu sagen hast. Und übergibt den Brief anschließend den Flammen. Das Verbrennen symbolisiert das Abschließen und Versöhnen mit der Vergangenheit.

Beim Loslassen und Vergeben kann es auch schon helfen, sich in der Natur aufzuhalten und die Verbindung zur Erde zu spüren. Die Natur hat eine heilende Wirkung und erinnert uns daran, dass alles im Leben zyklisch ist und auch schwierige Zeiten vorübergehen.

Loslassen heißt auch, sich von dem zu trennen, was man nicht mehr benötigt. Es wirkt ungemein befreiend, die Wohnung oder das Haus zu entrümpeln und zu reinigen. Es gibt eine enge Verbindung zwischen der äußeren Umgebung und dem inneren, emotionalen Zustand. Wenn das Haus unordentlich und schmutzig ist und sich überall überflüssige Gegenstände türmen, wirkt sich das negativ auf unsere Stimmung und unser Wohlbefinden aus. Das Chaos vermittelt ein Gefühl von Unruhe, Stress und Überforderung. Unsere Ahnen waren sich dieser reinigenden Wirkung von Haus und Hof für Körper und Geist offenbar sehr wohl bewusst. Ein sauberes, aufgeräumtes Zuhause vermittelt uns ein Gefühl von Ordnung, Harmonie und Geborgenheit. Es hebt die Stimmung und erfüllt uns mit Zufriedenheit und Wohlbefinden. Außerdem fördert es die Konzentration und Kreativität, wir sind weniger abgelenkt und irritiert.

Doch warum ist es eigentlich so wichtig, Platz zu schaffen für Neues im neuen Jahr? Die meisten von uns kämpfen innerlich mit ihren alten emotionalen Belastungen, negativen Gedankenmustern und ungesunden Gewohnheiten. Diese bedrückenden Altlasten können uns tatsächlich daran hindern, neue Erfahrungen zu machen und unser volles Potenzial zu entfalten. Wenn wir aber die mystische Zeit der Rauhnächte dafür nutzen, uns mit den Themen, die uns belasten, auseinanderzusetzen und loszulassen, eröffnet uns dies völlig neue Möglichkeiten: die Chance, innerlich Platz zu schaffen für neue Erfahrungen, positive Veränderungen und persönliches

Wachstum, so wie es schon unsere Ahnen getan haben. Und so, mit einer positiven und innerlich aufgeräumten Einstellung, in die Zukunft zu gehen und offen zu sein für die Chancen und Möglichkeiten, die sie und das Leben uns bietet.

## Gut vorbereitet ins neue Jahr

Die Rauhnächte bieten auch dem modernen Menschen die einzigartige Möglichkeit, gut vorbereitet und frei von Altlasten ins neue Jahr zu starten, ganz so, wie es schon unsere Vorfahren gemacht haben. Sie haben sich an diesen besonderen Tagen bewusst die Zeit genommen, um ihre Ziele und Wünsche für das neue Jahr zu reflektieren und definieren.

In mancherlei Hinsicht mag es früher einfacher gewesen sein, seine Wünsche und Ziele zu definieren. Das Leben war weniger komplex und die Möglichkeiten begrenzt. Die Menschen lebten oft in engen sozialen Strukturen und hatten klare Rollen und Erwartungen innerhalb einer Gemeinschaft. Ihre Lebensziele waren geprägt von den Traditionen und kulturellen Normen der Region, in der sie lebten.

Heute leben wir dagegen in einer globalisierten Welt mit unzähligen Möglichkeiten und Optionen. Die Vielfalt der Lebenswege und Karrieremöglichkeiten kann es manchmal schwierig machen, klare Ziele zu setzen. Die sozialen Medien und der dadurch bedingte ständige Vergleich mit anderen führt zu Unsicherheit und Zweifeln. Andererseits haben wir heute ganz andere Möglichkeiten, unsere Wünsche und Ziele zu definieren. Die digitale Vernetzung ermöglicht uns den Zugang zu Informationen, Bildung und Inspiration aus aller Welt. Es gibt zahlreiche Selbsthilfebücher, Workshops und Coaching-Angebote, die uns bei der Persönlichkeitsentwicklung und

Zielsetzung unterstützen. Wir haben heute die Möglichkeit, unser Leben bewusst und selbstbestimmt zu gestalten.

Die Rauhnächte können uns dabei helfen, unsere innere Stimme zu hören, uns authentische Ziele zu setzen, die zu unserem wahren Wesen und unseren Herzenswünschen passen. Sie können uns dabei unterstützen, unseren individuellen Lebensweg zu finden und in die Richtung zu gehen, die uns wirklich erfüllt und glücklich macht.

### Ziele definieren und sinnvoll planen

Insofern sind die Rauhnächte die ideale Gelegenheit, sich auf das kommende Jahr vorzubereiten und bewusst einen Neubeginn und gegebenenfalls eine Neuausrichtung anzustreben. Eine beliebte und wirkungsvolle Methode ist es, in den Rauhnächten – ganz wie unsere Vorfahren – eine Jahresplanung zu erstellen. Die ruhige und besinnliche Atmosphäre hilft dir dabei, dir deiner Träume, Wünsche und Ziele bewusst zu werden. Dazu kannst du dir Fragen stellen, wie zum Beispiel:

- Was möchte ich im kommenden Jahr erreichen?
- Welche Veränderungen wünsche ich mir in meinen Leben?
- Welche Aspekte möchte ich verbessern?

Indem du deine Ziele, Träume und Wünsche aufschreibst, verankerst du sie fest in deinem Unterbewusstsein und schaffst eine klare Ausrichtung für dein Handeln im neuen Jahr. Die Notizen helfen dir dabei, den Fokus zu behalten und deine Energie auf das Wesentliche zu lenken. Wichtig ist, dass du dir nur realistische und erreichbare Ziele setzt und auch kleine Schritte anerkennst. Sie bringen dich den großen Zielen Stück für Stück näher. Dazu kannst du ein großes Ziel in kleinere, gut erreichbare Zwischenziele unterteilen.

Die Jahresplanung oder Zielsetzung in den Rauhnächten soll aber nicht als starres Korsett verstanden werden. Es ist vielmehr eine Richtschnur, die dich durch das neue Jahr begleiten und dabei unterstützen soll, deine Visionen und Träume in die Realität umzusetzen. Es ist eine bewusste Entscheidung für persönliches Wachstum und eine aktive Gestaltung deines Lebens.

Die Rauhnächte bieten dir auch Raum für die Bewertung deiner bisherigen Ziele und Pläne. Wenn du feststellst, dass einige Ziele nicht mehr zu dir passen oder sich verändert haben, kannst du dich bewusst dafür entscheiden, sie loszulassen und Platz für neue Ziele zu schaffen. Schließlich ist es die Zeit der Selbstreflexion, aber auch der Ehrlichkeit dir selbst gegenüber.

## Spirituelles Wachstum und Selbsterfahrung in den Rauhnächten

Das spirituelle Wachstum und die Selbsterfahrung in den Rauhnächten gehen aber weit über die bloße Selbstreflexion und Zielsetzung hinaus. Es ist vielmehr eine Zeit der inneren Transformation und der Verbindung mit unseren tiefsten Seelenwünschen. Die Rauhnächte bieten uns die einzigartige Gelegenheit, uns mit der spirituellen Ebene unseres Lebens zu verbinden und uns bewusst mit unseren inneren Kräften und Potenzialen auseinanderzusetzen.

Während der Rauhnächte können wir uns wie zu keiner anderen Zeit im Jahr in die Stille begeben und uns von äußeren Einflüssen zurückziehen. Indem wir uns bewusst Zeit für Meditation, Kontemplation und innere Einkehr nehmen, öffnen wir uns für die göttliche Präsenz und die universelle Weisheit. Diese Zeit des Rückzugs ermöglicht es uns, uns mit unserem höheren Selbst zu verbinden und innere Antworten und Erkenntnisse zu finden.

## An Träume erinnern und ein Traumtagebuch führen

Träume und Visionen spielten in den Rauhnächten schon immer eine zentrale Rolle. Die Nächte galten als besonders empfänglich für Botschaften aus der spirituellen Welt. Träumen wurde und wird auch heute noch als Eintauchen in die verborgenen Tiefen unserer Seele verstanden. Für die Deutung von Träumen gibt es keine festen Regeln oder richtigen Antworten. Sie sind eine sehr persönliche Angelegenheit und von den individuellen Erfahrungen und Emotionen abhängig. Es gibt aber einige Hilfsmittel, um in den Träumen verborgene Botschaften und Hinweise für unser Leben zu entdecken.

Eine einfache, aber sehr effektive Methode, dich an deine Träume zu erinnern, ist, wie bereits erwähnt, das Führen eines Traumtagebuchs. Im Laufe der Rauhnächte kannst du die Notizen immer wieder durchgehen und nach Mustern, Symbolen oder wiederkehrenden Themen suchen, die eine tiefere Bedeutung haben können.

Eine weitere Methode ist es, vor dem Schlafengehen ein Traumritual durchzuführen, bei dem du dich bewusst auf bestimmte Themen oder Fragen fokussierst, die du in deinem Traum erforschen möchtest. Sei dabei so konkret wie möglich, indem du dir eine Antwort auf eine wichtige Lebensfrage wünschst oder um Hilfe bei einer Herausforderung bittest.

Diese Methode kann dir dabei helfen, deine Träume in eine Richtung zu lenken. Aus einigen Kulturen ist bekannt, dass Träume durch bestimmte Kräuter und Räuchern beeinflusst wurden. Kräuter wie Lavendel, Baldrianwurzel oder Salbei wurden dazu unters Kopfkissen gelegt oder vor dem Schlafengehen das Zimmer ausgeräuchert, um die Traumerfahrung zu intensivieren.

Die Rauhnächte erinnern uns daran, dass wir mehr als nur körperliche Wesen sind. Sie laden uns dazu ein, uns mit unserer spirituellen Natur auseinanderzusetzen und uns bewusst zu machen, dass wir nur ein Teil eines größeren Ganzen sind. Spirituelles Wachstum und Selbsterfahrung sind keine einmaligen Ereignisse, sondern ein kontinuierlicher Prozess, der über die zwölf Rauhnächte hinausgeht.

## Verbindung mit der Natur und dem eigenen Inneren

In dieser mystischen Zeit, in der die Grenzen zwischen der physischen und der spirituellen Welt verschwimmen, eröffnet sich uns auch die Möglichkeit, uns auf die Schönheit und Kraft der Natur zu besinnen. Uns auf sie einzulassen und die innere Verbindung zu uns selbst zu vertiefen. Darin können uns einige Aspekte der Rauhnächte unterstützen.

### Achtsam sein und intensiv wahrnehmen

So laden die winterliche Landschaft und die Ruhe der Natur dazu ein, achtsame Spaziergänge zu unternehmen oder die Zeit in der Natur zu verbringen. Dabei können wir die Schönheit und Magie der natürlichen Umgebung intensiv wahrnehmen und uns mit der Natur in Einklang fühlen. Gerade für uns moderne Menschen, die in einer zunehmend technologischen und urbanen Welt leben, ist die Verbindung zur Natur von besonderer Bedeutung. Der Aufenthalt in der Natur bietet uns einen wertvollen Raum zur Entspannung und Erholung. Unser Alltag ist oft stressig. Zeit in der Natur zu verbringen, kann ganz konkret dazu beitragen, die mentale Anspannung zu reduzieren und innere Ruhe zu finden. Die Beobachtung von Pflanzen, Tieren und Landschaften fördert Achtsamkeit und hilft, den gegenwärtigen Moment bewusst wahrzunehmen. Eine Verbindung zur Natur kann uns helfen, unsere Wurzeln und unsere Beziehung zur Erde wiederzuerkennen und zu schätzen.

In der Stille der Nächte können wir uns auf uns selbst

konzentrieren, die Gedanken beruhigen und die innere Stimme hören. Wir haben Gelegenheit, uns mit unseren Werten, Zielen und inneren Sehnsüchten auseinanderzusetzen und neue Erkenntnisse zu gewinnen.

Diese besondere Zeit des Jahres erinnert auch uns heute noch daran, dass wir Teil der Natur und des Universums sind. Es ist eine Zeit der spirituellen Erneuerung und des Wachstums, die es uns ermöglicht, in uns selbst und der Welt um uns herum neue Dimensionen zu entdecken, uns besser zu verstehen und gestärkt und erfüllt ins neue Jahr zu starten.

# Die Rauhnächte in der modernen Zeit

Durch die Veränderung unserer Lebensweise und die rasante Technologisierung der modernen Gesellschaft sind die alten Bräuche und Rituale in den Hintergrund getreten. Der Kern der Rauhnächte scheint aber nie wirklich vergessen worden zu sein. In einer Welt, die von Schnelllebigkeit und Oberflächlichkeit geprägt ist, sehnen sich viele Menschen nach Besinnung und Rückkehr zum inneren Frieden. Vielleicht sind es gerade die Herausforderungen und die Hektik des modernen Lebens, die uns jetzt wieder zu den Rauhnächten hinführen.

Inmitten des Lärms und der Ablenkungen suchen wir Ruhe und Halt. Die Wiederkehr der Rauhnächte mag deshalb Ausdruck des tiefen Verlangens sein, zurück zu unseren Wurzeln zu finden. Die Rauhnächte sind ein unermesslicher Schatz an Weisheit und mystischen Erfahrungen, der uns mit unseren Wurzeln versöhnt und uns auf unsere Reise durch Raum und Zeit vorbereitet. Es ist die Magie der Rauhnächte, die uns inspiriert und uns die Tür in eine andere, geheimnisvolle Welt öffnet, eine Welt, in der Träume und Realität verschmelzen und Vergangenheit und Zukunft ineinanderfließen. Und vielleicht ist es gerade diese Verbindung von Mystik und Weisheit, die uns aus unserer kalten, nüchternen Realität wieder zu den Bräuchen und Ritualen der Rauhnächte zurückkehren lässt.

## Bedeutung und Feier der Rauhnächte heute

Von den meisten Zeitgenossen werden die Rauhnächte als willkommene Auszeit von der Hektik des Alltags gesehen. Sie nutzen die Zeit, um bewusst innezuhalten und sich mit sich selbst auseinanderzusetzen. Die Bedeutung der Rauhnächte heute hat sich von reinen Schutzritualen und Weissagungen hin zu einer Zeit der Selbstreflexion gewandelt. Die Magie, die diese Zeit birgt, ist dabei auf der Strecke geblieben.

Manche der Bräuche und Rituale der Rauhnächte wurden vergessen, andere erscheinen uns unzeitgemäß, ja förmlich aus der Zeit gefallen. Wir sind heute mit einem fundierten wissenschaftlichen Verständnis von Naturphänomenen und rationalen Erklärungen ausgestattet. Was für unsere Ahnen noch geheimnisvoll, unerklärlich und deshalb auch unheimlich war, können wir uns heute mit Vernunft und naturwissenschaftlichem Verstand leicht erklären. Dabei haben wir aber vergessen, dass der Wert der Rauhnächte und ihre Bedeutung eben nicht nur in der Unklarheit und Mystik liegt, sondern in den tieferen Ebenen der menschlichen Erfahrung.

Das Deuten von Träumen, Orakeln oder das Räuchern können heute nur noch schwer als reale Vorhersagen oder magische Handlungen angesehen werden. Sie bergen aber eine unschätzbare symbolische Bedeutung. Die Rauhnächte bieten uns eine Gelegenheit zur Selbstreflexion, zur Innenschau und zur Verbindung mit unserer inneren Natur und der Natur um uns herum. Unabhängig davon, ob wir an übernatürliche Aspekte glauben oder nicht, können viele der Bräuche auch heute noch eine wertvolle Funktion erfüllen: Sie dienen als kraftvolle Werkzeuge, um unsere Gedanken zu klären, unsere Ziele zu fokussieren und uns auf das kommende Jahr vorzubereiten. Sie können uns dabei helfen, einen bewussten und achtsamen Raum zu schaffen, in dem wir uns auf unsere inneren Bedürfnisse und Wünsche konzentrieren können. Schließlich geht es nicht nur um das Verstehen der äußeren Welt, sondern auch darum, uns selbst und unsere eigene Wahrheit zu finden.

Du musst nicht alle Rituale praktizieren, um von den Rauhnächten zu profitieren. Wähle die Rituale aus, die zu dir und deinem Leben passen. Oder nutze die Zeit einfach, um zur Ruhe zu kommen, dir etwas Gutes zu tun und deine Wünsche und Träume für das kommende Jahr zu definieren.

Auch wenn die Rauhnächte heute nicht mehr so intensiv gefeiert werden wie in vergangener Zeit, sind ihre Bedeutung und Magie erhalten geblieben. Menschen auf der ganzen Welt finden ihre eigene Art und Weise, die Rauhnächte zu begehen und diese besondere Zeit für sich zu nutzen. In ländlichen Regionen und in traditionell geprägten Gemeinschaften werden die Rauhnächte auch weiterhin mit Bräuchen und Ritualen begangen. In einigen Gegenden in Deutschland, Österreich und der Schweiz finden noch immer Perchtenläufe statt, bei denen die Menschen als mythologische Figuren verkleidet durch die

Straßen ziehen. Auch das Räuchern mit Kräutern und Harzen ist in vielen Kulturen eine nach wie vor sehr beliebte Tradition.

## Anpassung traditioneller Rituale an moderne Lebensweisen

Viele Menschen haben ihren eigenen Weg gefunden, die Rauhnächte zu feiern. Dabei werden die uralten Rituale, wann immer möglich, an moderne Lebensweisen angepasst. So kann man zum Beispiel mit der entsprechenden Ausstattung auch in kleinen Wohnungen räuchern. Dazu benötigt man nur ein Gefäß mit feuerfestem Boden, Räucherkohle, Kräuter und Harze, eine Feder oder einen Fächer. Geeignete Räucherschalen gibt es im Fachhandel, Räucherkräuter wie Weihrauch, Myrrhe, Salbei, Lavendel, Rosmarin oder andere Pflanzen auch. Unbedingt zu beachten ist, dass nur dann in einem Raum geräuchert werden kann, wenn eine ausreichende Lüftungsmöglichkeit gegeben ist. Es geht aber auch einfacher, mit ätherischen Ölen, die über einem Stövchen verbrannt werden und anderem Räucherwerk wie Räucherstäbchen, Kegel oder Bündel.

## Die Rauhnächte sind im digitalen Zeitalter angekommen

Ganz modern sind digitale Rauhnachtsrituale. Auf entsprechenden Internet-Plattformen werden an jedem der Lostage eine Geschichte erzählt, ein Spruch zum Meditieren vorgeschlagen und Tipps für das passende Räucherwerk gegeben. Auch Traumtagebücher und die Jahresplanung lassen sich digital führen. Auf Social-Media-Plattformen werden Rauhnachtserfahrungen ausgetauscht, Bilder und Texte geteilt oder gar in einer Videokonferenz miteinander gefeiert. Die schöne neue digitale Welt eröffnet zwar viele neue Möglichkeiten, die traditionellen Rituale und Bräuche verlieren dadurch aber nicht an Bedeutung. Die Digitalisierung ist nur ein weiteres Werkzeug, um moderne Rauhnachtsrituale zu unterstützen und zu erleichtern. Letztlich liegt es aber in der Verantwortung jedes Einzelnen, die Rauhnächte bewusst zu nutzen und die Rituale selbstständig auszuführen, um von den spirituellen und persönlichen Entwicklungsmöglichkeiten dieser besonderen Zeit zu profitieren.

Die traditionellen Weissagungen der Rauhnächte sind weit in den Hintergrund getreten. Niemand versucht heute noch, Wettervorhersagen zu treffen, indem er das Wetter in den einzelnen Rauhnächten beobachtet, obwohl das gewiss eine interessante Erfahrung wäre. Den Blick in die Zukunft wollen aber doch noch viele Menschen wagen. Nur die Methoden haben sich verändert. Junge Frauen werfen keine Apfelschalen oder Schuhe mehr und sie suchen auch nicht mehr mitten in der Nacht mystische Orte auf. Stattdessen befragen sie Tarotkarten, beschäftigen sich mit Horoskopen oder besuchen einen Hellseher. Mit dem Aufkommen digitaler Technologien bieten auch immer mehr Websites Online-Orakel an. Über den Sinn oder Unsinn kann man geteilter Meinung sein. In jedem Fall gehört eine gehörige Portion Glauben dazu, egal ob die Zukunft mit traditionellen Rauhnachtsritualen oder modernen Methoden vorhergesagt wird.

Nicht veraltet und noch heute sehr beliebt dagegen ist die Meditation. Meditations- oder Intuitionspraktiken, die dabei helfen, ins innere Selbst zu schauen, liefern meist zuverlässigere Antworten auf Zukunftsfragen. Meditation kann tatsächlich helfen, innere Weisheit und Klarheit für kommende Herausforderungen zu finden.

**Antworten vom zukünftigen Ich**

Hier ist eine einfache Übung, wie man durch Meditation Antworten auf seine Fragen bekommen kann.

> Setze dich an einen ruhigen Ort und schließe die Augen. Stelle dir eine klare Frage oder formuliere eine Absicht für die Zukunft. Atme ruhig und tief ein und aus und stelle dir vor, wie du deinem zukünftigen Ich begegnest. Stelle deine Frage an dein zukünftiges Ich und sei offen für Antworten, die in Form von Bildern, Gefühlen oder Gedanken auftauchen können. Nimm alle Eindrücke bewusst wahr und lasse sie auf dich wirken. Kehre am Ende der Meditation langsam in die Gegenwart zurück und notiere deine Erkenntnisse.

Die Rauhnächte sind noch immer die Zeit des Übergangs, des Wandels und des Neubeginns, egal wie weit die Bräuche und Rituale auch an die modernen Lebensweisen angepasst wurden. Sie erinnern auch den modernen Menschen daran, dass das Leben in einem ständigen Fluss ist und wie wichtig es ist, bewusst innezuhalten und sich Zeit für die eigenen Gedanken, Träume und Wünsche zu nehmen. Die alten Bräuche und Rituale liefern uns wertvolle Erkenntnisse und Weisheiten, um uns weiterzuentwickeln und gestärkt in die Zukunft zu gehen.

## Integration von Selbstreflexion, Achtsamkeit und persönlichem Wachstum

Die an die moderne Lebensweise angepassten Rituale und Bräuche der Rauhnächte liefern uns einen Rahmen, um uns auf unser persönliches Wachstum zu konzentrieren, unsere Träume, Wünsche und Ängste anzuschauen und unsere Beziehung zu uns selbst zu vertiefen. Sie können uns dabei helfen, einen tieferen Sinn in unserem Leben zu finden, nach dem letztlich alle Menschen suchen.

In unserer hektischen Welt, in der wir zahllosen Verpflichtungen und Ablenkungen ausgeliefert sind, ist es oft nicht leicht, einen Moment der Ruhe und Besinnung zu finden. Um die Magie der Rauhnächte dennoch in den Alltag zu integrieren, bedarf es eigener Rituale, die uns dabei helfen. Hier sind einige Vorschläge, wie das gelingen kann.

### Tägliches Journaling

Eine sehr nützliche Methode, um Gedanken, Reflexionen, Ziele, Träume, Erfolge oder auch Herausforderungen zu erkunden und Klarheit zu gewinnen, ist das tägliche Journaling. Damit ist der Prozess des regelmäßigen Schreibens gemeint, etwa in ein Tagebuch oder Journal. Es kann als Werkzeug zur Selbstreflexion und Achtsamkeit dienen, indem man bewusst über seine Gedanken und Gefühle nachdenkt und sie aufschreibt, ein Dankbarkeitstagebuch führt oder auch seine Ziele visualisiert. Journaling ist eine kreative und therapeutische Methode, um mit sich selbst in Kontakt zu kommen.

Nimm dir jeden Morgen oder Abend Zeit, um deine Gedanken, Gefühle und Erlebnisse aufzuschreiben. Reflektiere deine Ziele und Träume. Das muss nicht viel Zeit in Anspruch nehmen. Schon ein paar Minuten genügen. Wichtig ist nur, dass du es wirklich jeden Tag tust. Das hilft dir, bewusster mit dir selbst umzugehen und deine Gedanken zu ordnen.

**Digitale Auszeiten**

Die intensive Nutzung digitaler Geräte und Bildschirme hat sowohl physische als auch psychische Auswirkungen. Der moderne Mensch verbringt allein am Smartphone durchschnittlich fünf Stunden pro Tag. Das stellt eine ungeheure Belastung für die körperliche Gesundheit dar, beeinträchtigt die Konzentration und verringert sogar unsere Produktivität. Digitale Pausen sind heute also wichtiger denn je. Die dunklen und kalten Rauhnächte sind wie geschaffen für diese digitalen Pausen.

Die Rauhnächte bieten von Natur aus eine ruhigere Atmosphäre. Und die Feiertage bringen in aller Regel eine Auszeit von der Arbeit und den üblichen Alltagsverpflichtungen mit sich. Die längeren Abende lassen sich optimal nutzen, um zum Beispiel zu lesen, zu meditieren oder eben Tagebuch zu schreiben.

Das Fehlen der üblichen Ablenkungen und die besondere Atmosphäre der Rauhnächte schaffen ein einzigartiges Umfeld, um bewusster und achtsamer zu sein. Es ist eine Zeit, in der du dich auf dich selbst, deine Gedanken und deine kreative Seite konzentrieren kannst, ohne von digitalen Einflüssen gestört zu werden. Dies kann eine wertvolle Gelegenheit sein, das Tempo des Alltags zu verlangsamen, innezuhalten und dich auf die Dinge zu besinnen, die wirklich wichtig sind.

**Kleine Rituale schaffen**

In unserer von Hektik und Ablenkungen geprägten Welt haben kleine Rituale, wie kurze Gebete, Affirmationen und Atemübungen im Alltag eine erstaunliche Kraft. Dabei handelt es sich nicht um aufwendige Zeremonien, sondern einfache Gesten der Achtsamkeit, die uns mit uns selbst, der Natur und dem Augenblick verbinden. Sie sind ein Weg, die Magie der Rauhnächte in unseren hektischen Alltag zu bringen, uns zu erden und den Zauber des Moments zu spüren. Kleine Rituale bringen Struktur in den Alltag, erfordern Aufmerksamkeit und volle Konzentration, reduzieren Stress und fördern das Wohlbefinden.

Baue kleine Rituale in deinen Alltag ein. Das können kurze Gebete, Affirmationen oder bewusste Atemübungen sein. Diese Rituale helfen dir, dich auf das Hier und Jetzt zu konzentrieren. Du kannst zum Beispiel jeden neuen Tag mit einer kurzen Phase der Stille beginnen. Wenn du nicht beten möchtest, kannst du dich morgens ein paar Minuten hinsetzen und bewusst atmen, um dich auf den Tag einzustimmen. Oder du denkst vor dem Schlafengehen darüber nach, für welche drei Dinge du an diesem Tag dankbar sein kannst.

Sinnvoll ist es, die Affirmationen auszuwählen, die am besten zu den persönlichen Zielen und Bedürfnissen passen. Möchtest du an deinem Selbstvertrauen arbeiten, könnte dies eine passende Affirmation sein:

*„Ich bin stark und voller Vertrauen in mich selbst. Ich gehe mutig meinen Weg und überwinde Hindernisse mit Leichtigkeit."*

Sehnst du dich nach Liebe und Harmonie, kommt folgende Affirmation infrage:

*„Liebe und Harmonie umgeben mich. Ich strahle Liebe aus und ziehe liebevolle Beziehungen in mein Leben."*

Geht es um Gesundheit und Wohlbefinden, bietet sich diese Affirmation an:

*„Mein Körper ist gesund und vital. Ich pflege mich mit Liebe und Sorgfalt, um in bester Gesundheit zu sein.“*

Das sind alles nur Beispiele, wie solche Affirmationen lauten könnten. Was für dich persönlich am besten ist, musst du für dich selbst herausfinden. Oft ist es hilfreich, dabei auf seine innere Stimme und sein Bauchgefühl zu hören. Wichtig ist aber, dass du diese kleinen Rituale zuverlässig jeden Tag durchführst. Nur dann können sie ihre Wirkung entfalten.

**Austausch mit anderen**

Austausch mit anderen Menschen ist eine Quelle an Wissen und Inspiration. Durch Gespräche und das Teilen von Erfahrungen gewinnen wir neue Perspektiven, die uns helfen können, uns selbst besser zu verstehen. Von den Erkenntnissen anderer können wir lernen und unser eigenes Bewusstsein erweitern. Der Dialog ermöglicht es uns, unsere Gedanken zu ordnen, unsere Emotionen zu erkennen und Herausforderungen zu bewerten. Wenn wir unsere Gedanken teilen und die Worte und Erfahrungen anderer hören, eröffnet uns dies neue Wege der Achtsamkeit und des Selbstbewusstseins.

Suche den Austausch mit Freunden oder einer Gemeinschaft, die ähnliche Interessen teilt. Gespräche über persönliches Wachstum und Achtsamkeit können überraschend inspirierend sein.

### Kreative Ansätze und neue Ideen: Die Rauhnächte als Zeit des kreativen Ausdrucks

In der dunkelsten Zeit des Jahres hatten unsere Ahnen naturgemäß mehr Zeit, sich ihrer kreativen Seite zuzuwenden und neue Ideen zu entwickeln. Es gab kein elektrisches Licht und von modernen Unterhaltungsmöglichkeiten waren sie noch weit entfernt. Die Menschen waren gezwungen, in ihren Häusern zu bleiben, zumal in den Rauhnächten, in denen sie sich der bösen Dämonen und Geister wegen ohnehin nicht vor die Tür trauten. Kerzen, Fackeln und die unheimlichen Schattenspiele an der Wand schufen eine magische Atmosphäre, die geradezu gemacht war für kreative Aktivitäten. Die Intimität der Dunkelheit förderte die Entfaltung kreativer Gedanken und Ideen.

In vielen Kulturen wurden deshalb während der Rauhnächte kunstvolle Handwerksarbeiten angefertigt, von aufwendig gestalteten Kerzen und Räucherwerkhaltern bis hin zu kunstvollen Schnitzereien und Handarbeiten. Die Menschen setzten alle ihre Fertigkeiten ein, um kreative Meisterwerke zu erschaffen.

Auch heute noch bieten die Rauhnächte die einzigartige Gelegenheit, um unsere kreative Seite zu entfalten. In dieser Zeit, wenn die Grenzen zwischen den Welten verschwimmen, können wir unsere künstlerische Ader auf besondere Weise nutzen, um unsere innersten Gedanken und Gefühle zum Ausdruck zu bringen.

Von Malen und Zeichnen über das Schreiben von Gedichten oder Geschichten bis hin zur Erschaffung von Musik oder Handwerkskunst sind die Möglichkeiten vielfältig und natürlich ganz individuell. Die Rauhnächte fungieren dabei als Leinwand, auf der wir unsere innersten Empfindungen und Träume zum Ausdruck bringen können. Auch in diesem Zusammenhang erinnern uns die Rauhnächte daran, dass wir mehr sind als nur rationale Wesen. Wir alle haben eine künstlerische Seite, die gepflegt werden möchte. Diese kreative Entfaltung bringt uns nicht nur Freude und Erfüllung, sondern führt zu neuen Einsichten und vielleicht sogar Lösungen für die Herausforderungen des Alltags.

# Praktische Übungen und Empfehlungen für das Jahr nach den Rauhnächten

Die Rauhnächte schaffen eine besondere Energie, die es uns ermöglicht, alte Muster loszulassen, Klarheit über Wünsche und Ziele zu gewinnen und spirituell zu wachsen. Was nützen uns aber all diese Erkenntnisse, wenn wir sie mit dem Ende der Rauhnächte am 6. Januar hinter uns lassen, weil wir nicht in der Lage sind, sie in unser tägliches Leben einzubringen?

Deshalb widmen wir uns jetzt praktischen Übungen und Empfehlungen, die die Magie der Rauhnächte im neuen Jahr lebendig halten. Von Achtsamkeit über Kreativität bis hin zur Erreichung der Ziele findest du Ideen und Anregungen, wie du die Rauhnächte als kraftvolle Basis für dein persönliches Wachstum und deine spirituelle Entwicklung das ganze Jahr über nutzen kannst.

## Gedanken, Gefühle, Träume und Ziele weiterhin festhalten

Um die gewonnenen Erkenntnisse und Einsichten im neuen Jahr in deinen Alltag zu integrieren, kann das Führen eines Tagebuchs auch weiterhin eine äußerst wertvolle Methode sein. Indem du deine Gedanken, Gefühle und täglichen Erkenntnisse aufschreibst, bekommst du immer mehr Klarheit über deine tatsächlichen Wünsche und Ziele und findest leichter einen Weg dorthin.

Tagebuchschreiben ist die beste Form der Selbstreflexion. Man bleibt mit seinem innersten Wesen in Verbindung. Außerdem ermöglicht ein solches Tagebuch, Fortschritte über das Jahr hinweg im Blick zu behalten. Man kann nachlesen, welche Schritte unternommen wurden, wie man vorankommt und ob eventuell Anpassungsbedarf besteht. Und nicht zuletzt dienen die Tagebuchaufzeichnungen als Motivation. Sie erinnern daran, was man schon alles erreicht hat und spornen an, den eingeschlagenen Weg weiterzugehen. Und die Aufzeichnungen helfen natürlich in den kommenden Rauhnächten dabei, sich an das abgelaufene Jahr, seine Ereignisse, Höhen und Tiefen zu erinnern und die Wünsche und Ziele für das nächste Jahr neu zu justieren.

## Achtsamkeit üben

Integriere Achtsamkeit in deinen Alltag, sei es durch kurze Meditationen, Atemübungen oder Momente der Stille. Das kann dir helfen, im Hier und Jetzt zu bleiben und dein inneres Gleichgewicht zu stärken.

Achtsamkeit ist eine bewusste und offene Aufmerksamkeit für den gegenwärtigen Moment, ohne ihn zu bewerten oder zu beurteilen. In der hektischen Welt von heute, in der wir oft zwischen verschiedenen Aufgaben und Gedanken hin- und hergerissen werden, bietet die Praxis der Achtsamkeit eine wertvolle Möglichkeit, innezuhalten und mit größerer Klarheit zu leben.

Es ist wissenschaftlich erwiesen, dass Achtsamkeit dabei helfen kann, Stress abzubauen, aus dem Autopilot-Modus auszusteigen und bewusster auf Herausforderungen zu reagieren. Wenn es gelingt, den Moment so anzunehmen, wie er nun einmal gerade ist, reduziert das die mentale Anspannung und den Widerstand gegen die Gegebenheiten. Darüber hinaus hilft Achtsamkeit dabei, Gefühle auf eine gesunde Art und Weise wahrzunehmen und zu akzeptieren. Insbesondere negative Gefühle können dadurch besser bewältigt werden. Eines der Hauptprobleme unserer modernen Zeit ist es, ständig über Vergangenheit und Zukunft nachzudenken und das Hier und Jetzt gänzlich auszublenden. Durch Achtsamkeit kann dieses nicht endende Gedankenkarussell zumindest zeitweise unterbrochen werden. Und nicht zuletzt sorgt mehr Achtsamkeit für bessere Beziehungen, weil wir wirklich zuhören und ohne Vorurteile auf andere zugehen können.

### Kreativität ausleben

Setze die kreativen Impulse, die die Rauhnächte dir gegeben haben, nach Möglichkeit unbedingt fort. Dabei spielt es keine Rolle für welche kreativen Aktivitäten du dich entscheidest, Hauptsache du lebst deine Kreativität auch weiterhin aus. Das fördert nicht nur deine kreative Seite, sondern auch dein Wohlbefinden und deine emotionale Gesundheit.

Kreativität lenkt den Geist von den Sorgen und Nöten und damit von Stressoren ab. Sie bietet uns eine Auszeit vom Alltag und ermöglicht es uns, die Zeit zu vergessen, indem wir uns voll und ganz auf das konzentrieren, was wir tun. Kreativ sein erlaubt uns, Emotionen auszudrücken, die wir vielleicht nicht in Worte fassen können. Das wirkt entlastend und befreiend. Außerdem kann kreatives Schaffen das Hormon Dopamin in unserem Körper freisetzen, was sich direkt auf das Belohnungssystem in unserem Gehirn auswirkt. Das Gehirn erkennt das kreative Schaffen als eine belohnende Tätigkeit, ähnlich wie Essen, Bewegung oder soziale Interaktion. Dopamin wird ausgeschüttet, um das Gehirn zu motivieren, dieses Verhalten zu wiederholen. Und auch das Gehirn selbst profitiert von der Kreativität. Es wirkt wie ein Training für die neuronale Vernetzung. Das erhält das Gehirn gesund und aktiv und verbessert die kognitiven Fähigkeiten.

Kreatives Schaffen ist auch eine Form der Meditation. Es hilft, den Geist zu beruhigen und zu entspannen. Es fördert ein positives Mindset und steigert das Selbstwertgefühl und führt dazu, dass wir im gegenwärtigen Moment präsent sind und Vergangenheit und Zukunft vorübergehend loslassen können und sich ein Gefühl von Zufriedenheit und Freude einstellt.

## Kleine Rituale beibehalten

Behalte die kleinen Rituale, die du in den Rauhnächten praktiziert hast, weiterhin bei. Dies kann dir dabei helfen, eine kontinuierliche Verbindung mit deinem Inneren und der Natur aufrechtzuerhalten und dein Leben so zu gestalten, wie es dir guttut.

Die kleinen Rituale der Rauhnächte beizubehalten, hat nachhaltigen Einfluss auf die Aufrechterhaltung einer dauerhaften Verbindung mit unserem Inneren und der Natur. Diese Rituale wurden während der besonderen Zeit der Rauhnächte durchgeführt, in der wir uns bewusst Zeit für Reflexion, Reinigung und Neubeginn genommen haben. Sie dienten dazu, uns mit uns selbst und den kosmischen Kräften zu verbinden. Üben wir diese Rituale auch nach den Rauhnächten weiter aus, setzen wir ein starkes Zeichen für die Beständigkeit in unserem Leben. Sie fungieren als Anker in unserem Alltag und ermöglichen es uns, unsere spirituelle und persönliche Entwicklung zu vertiefen. Indem wir die Rituale weiterhin in unseren Alltag integrieren, schaffen wir eine harmonische Balance zwischen der modernen Welt und den zeitlosen Weisheiten, die uns die Rauhnächte gelehrt haben.

## Zielsetzung konsequent verfolgen

> Verfolge beharrlich deine Ziele und Vorsätze, die du in den Rauhnächten formuliert hast. Teile sie in kleinere Schritte auf und arbeite geduldig daran, um stetig kleine Fortschritte zu erzielen.

Es ist von großer Bedeutung, die formulierten Ziele und Vorsätze im Auge zu behalten. In den Rauhnächten hatten wir Gelegenheit, Klarheit über unsere tatsächlichen Wünsche und Bedürfnisse zu bekommen. Indem wir die Zielerreichung in kleinere Schritte aufteilen, die wir nach und nach zu erreichen versuchen, setzen wir einen kraftvollen Prozess in Gang. Das erfordert Ausdauer, Disziplin und Engagement. Aber genau das sind die Qualitäten, die wir durch die Rituale der Rauhnächte entwickelt und gestärkt haben.

Kleine Schritte helfen uns dabei, die Fortschritte, die wir erzielen, zu schätzen und zu feiern. Das stärkt die Motivation und treibt uns an. Jeder Schritt bringt uns der Verwirklichung unserer Wünsche ein Stück näher. Dieser kontinuierliche Prozess spiegelt die Lehren der Rauhnächte wider, die uns gezeigt haben, wie wichtig es ist, beständig an uns selbst zu arbeiten. Indem wir beharrlich an unseren Zielen arbeiten, verankern wir die Energie der Rauhnächte in unserem Leben und machen sie zu einem zentralen Bestandteil unserer Entwicklung. Wir nutzen die Inspiration und die Erkenntnisse, die wir in den magischen Tagen und Nächten gewonnen haben, um bewusster und zielgerichteter zu leben und zu arbeiten. Die Rituale der Rauhnächte haben uns auf diesen Weg geführt und es uns ermöglicht, diese wertvollen Lehren in unseren Alltag zu integrieren.

## Regelmäßige Naturzeit einplanen

Plane regelmäßig Zeit im Freien ein, um dich mit der Natur zu verbinden. Spaziergänge, Wanderungen oder einfach Zeit im Garten oder Park können deine Verbundenheit mit der Natur stärken.

Der regelmäßige Aufenthalt in freier Natur ermöglicht es uns, eine tiefere Verbindung zur Erde und zur natürlichen Welt herzustellen. Dieser Kontakt mit der Natur hat erhebliche Auswirkungen auf unsere Gesundheit und unser Wohlbefinden. Verbringen wir Zeit in der Natur, können wir unsere Sinne für die Schönheit und Wunder der Umwelt um uns herum schärfen. In den Rauhnächten konnten wir erfahren, wie wichtig es ist, unsere Sinne für die subtilen Botschaften der Natur zu öffnen.

Wenn wir uns in freier Natur aufhalten, lösen wir uns von den Ablenkungen des Alltags, wir können unsere Gedanken klären, unsere Gefühle erkunden und eine tiefere Verbindung zu uns selbst herstellen. Die Verbindung zur Natur hilft uns dabei, uns mit den natürlichen Zyklen des Lebens zu synchronisieren und im Einklang mit den kosmischen Energien zu leben. Die Zeit in der Natur ermöglicht es uns, uns in Harmonie mit den Jahreszeiten und den natürlichen Veränderungen zu bewegen.

## Die Gemeinschaft mit anderen pflegen

> Bleibe im Austausch mit Gleichgesinnten und teile mit ihnen deine spirituellen Erfahrungen und Erkenntnisse. Dies eröffnet dir neue Perspektiven auf dein eigenes Leben und unterstützt dich in deinem persönlichen Wachstum.

Die Rauhnächte haben uns gezeigt, wie wertvoll es sein kann, sich mit anderen Menschen über spirituelle Erfahrungen, Erkenntnisse und Einsichten auszutauschen. Dieser Austausch verschafft uns einen anderen Blickwinkel auf unser eigenes Leben. Denn jeder Mensch macht seine eigenen Erfahrungen. Wenn wir diese kennenlernen, erweitert das unser Verständnis für andere Betrachtungsweisen, die uns vielleicht Lösungen und Antworten liefern, auf die wir selbst gar nicht gekommen wären.

Die Gemeinschaft mit Gleichgesinnten bietet uns Unterstützung und Ermutigung auf unserem Weg. Durch Gespräche und Diskussionen können wir unser Verständnis für spirituelle Themen erweitern, neue Techniken kennenlernen und gemeinsam spirituelle Übungen durchführen.

Und nicht zuletzt fördert der Dialog mit Gleichgesinnten das Gefühl von Verbundenheit. In den Rauhnächten konnten wir erfahren, wie wichtig es ist, eine Verbindung zu unseren Mitmenschen und zur Welt um uns herum zu spüren. Der gemeinsame Austausch schafft eine Atmosphäre der Zusammengehörigkeit und des Vertrauens, in der wir uns frei fühlen können, um unsere Gedanken, Gefühle und Erfahrungen mit anderen zu teilen.

Die Lehren der Rauhnächte sind eine Einladung, den Austausch und die Gemeinschaft zu pflegen, einander zu unterstützen und sich gemeinsam weiterzuentwickeln. Die Rauhnächte haben uns deutlich gemacht, wie kraftvoll und bereichernd es sein kann, zusammen mit anderen den Weg zu gehen, statt isoliert und allein.

Unsere Ahnen hätten allein gar nicht überleben können. Sie waren immer auf die Gemeinschaft und deren Hilfe angewiesen. Auch das macht uns die Auseinandersetzung mit den Rauhnächten mehr als deutlich. Wir konnten uns nur in und durch die Gemeinschaft zu den Wesen entwickeln, die wir heute sind.

## Digitale Auszeiten beibehalten

Gönne dir weiterhin digitale Auszeiten, um dich von Ablenkungen zu befreien und deine innere Ruhe zu bewahren.

Während der Rauhnächte haben wir erlebt, wie wertvoll es

sein kann, sich für eine kurze Weile bewusst von digitaler Ablenkung freizumachen und sich stattdessen einen Raum der inneren Ruhe und Stille zu verschaffen. Wir konnten feststellen, wie positiv sich diese digitale Auszeit auf unser inneres Gleichgewicht und die geistige Klarheit auswirken kann.

Die ständige Reizüberflutung der modernen Welt führt zu einer mentalen Erschöpfung. Umso wichtiger ist es, sich von diesem konstanten Strom von Informationen und Reizen zu lösen. Regelmäßige digitale Auszeiten entlasten unser Gehirn, steigern die Konzentration und senken das Stressniveau.

Die Dunkelheit und Stille der Rauhnächte haben uns dazu eingeladen, zur Ruhe zu kommen und uns auf das Wesentliche zu besinnen. Der menschliche Körper braucht diese Zeit zur Erholung und Regeneration. Durch das Beibehalten digitaler Auszeiten können wir das Tempo unseres Lebens verlangsamen und bewusster leben. Die Erfahrungen der Rauhnächte können uns inspirieren, diese wertvolle Praxis in unser modernes Leben zu integrieren, um so auch langfristig von ihren positiven Effekten zu profitieren.

## Rückblick und Vorausschau

Nimm dir regelmäßig Zeit, um auf deine Fortschritte zurückzublicken und deine nächsten Schritte zu planen. Das hilft dir dabei, fokussiert zu bleiben und deinen Zielen Schritt für Schritt näherzukommen.

Die Rauhnächte haben uns gezeigt, wie klar wir unsere Ziele

und Wünsche definieren können, wenn wir uns bewusst Zeit nehmen, über sie nachzudenken. Wir haben daraus einen Jahresplan erstellt, der es uns ermöglicht, unsere Energie gezielt auf die Dinge zu lenken, die uns wichtig sind. Die Jahresplanung ist jedoch nur sinnvoll, wenn wir sie im Laufe des Jahres auch tatsächlich umsetzen. Das gelingt nur, wenn wir uns darauf konzentrieren, Schritt für Schritt auf die Ziele hinarbeiten und die Fortschritte überwachen. Dazu ist ein regelmäßiger Rückblick unerlässlich. Dabei können folgende Fragen hilfreich sein:

- Was habe ich mit Bezug auf meine Ziele bisher erreicht?
- Welche Hindernisse und Schwierigkeiten sind mir begegnet?
- Was habe ich über mich selbst gelernt?
- Welche Strategien und Techniken haben sich als wirkungsvoll erwiesen?
- In welchen Bereichen wurden die Ziele nicht erreicht?
- Was hat mich am meisten motiviert?
- Was kann ich beibehalten, was sollte ich anpassen?
- Welche Ziele möchte ich neu definieren?

Die Fragen zielen darauf ab, eine umfassende Bewertung der Ziele, Fortschritte und Herausforderungen vorzunehmen. Sie sollen dabei helfen, wertvolle Erkenntnisse zu gewinnen und eine solide Basis für die nächsten Teilschritte zu schaffen.

## Mit Dankbarkeit leben

Übe dich täglich in Dankbarkeit und konzentriere dich auf die positiven Aspekte in deinem Leben. Das verändert die Perspektive und erfüllt dich mit Freude.

Die Rauhnächte bieten die Gelegenheit, bewusster zu werden und das Gute im Leben zu sehen. Sich in Dankbarkeit zu üben, ist eine Art natürliche Erweiterung dieser Gelegenheit. Durch Dankbarkeit wird die Essenz der Rauhnächte in den Alltag getragen und der Nutzen dieser besonderen Zeit über den Jahreswechsel hinaus erweitert.

Dankbarkeitsübungen können uns dabei helfen, die Magie der Rauhnächte auf das ganze Jahr zu übertragen. Sie fördern eine positive und optimistische Denkweise, mindern Ängste und reduzieren depressive Gedanken. Eine dankbare Haltung hilft dabei, mit Herausforderungen und Rückschlägen umzugehen, da sie die Fähigkeit stärkt, in schwierigen Zeiten immer auch das Gute auch zu sehen.

Nicht zuletzt erfordert Dankbarkeit, dass wir über das nachdenken, was uns am Tag geschehen ist, was wichtig war und warum. Und Dankbarkeit fördert die allgemeine Zufriedenheit und Freude am Leben und unterstützt eine positive Einstellung.

Passe die Empfehlungen dieses Buches so an, dass sie zu dir und deinem individuellen Lebensstil passen. Es ist wichtig, dass du dich damit wohlfühlst. Nur so kannst du die wertvollen Erfahrungen und Erkenntnisse aus den Rauhnächten im neuen Jahr wirklich nutzen, um dein Leben bewusster und erfüllter zu gestalten.

# Schlusswort

Für unsere Ahnen standen zwischen Weihnachten und Neujahr, genauer gesagt zwischen der Wintersonnenwende und dem Dreikönigstag, im wahrsten Wortsinn alle Räder still. Es war die dunkelste Zeit im Jahr und kalt war es obendrein. Was blieb ihnen da anderes übrig, als im Haus zu bleiben und sich mit sich selbst zu beschäftigen? Und das taten sie, ausgiebig. Die Rituale und Bräuche, die uns aus jener grauen Vorzeit übermittelt sind, dienten zum größten Teil dazu, in sich selbst hineinzuhören, die eigenen Wünsche und Bedürfnisse zu erfahren und einen Blick in die Zukunft zu werfen. Denn die Zeit zwischen den Welten, in der die Grenzen zwischen Mystik und Realität verschwimmen, war wie geschaffen dafür.

Unsere Vorfahren konnten die besondere Magie noch spüren, die in diesen geheimnisvollen Nächten zwischen dem alten und dem neuen Jahr verborgen lag. Es war eine Zeit, die sie faszinierte und bewegte, eine Zeit zwischen Vergangenheit und Zukunft. Sie nutzten die Dunkelheit, um ihr Innerstes zu durchleuchten, sich von Belastungen zu befreien und mit klarem Blick auf das Kommende zu schauen.

Doch die Rauhnächte sind kein verstaubtes Relikt der Vergangenheit. Sie tragen eine zeitlose Weisheit in sich, die uns auch heute noch tief berühren und leiten kann. Diese Mystik, diese tiefe Verbindung zu den Rhythmen der Natur, erinnern uns daran, dass wir in einen ewigen Kreislauf von Werden und Vergehen eingebunden sind. In der heutigen Welt, die oft nach schnellen Antworten und unmittelbarem Ergebnis strebt, fordert uns diese besondere Zeit dazu auf, innezuhalten und den Fluss der Zeit zu spüren. Die Rituale und Bräuche von einst mögen sich gewandelt haben, doch der Kern ihrer Botschaft ist lebendig. Die Rauhnächte lehren uns, auf unsere Intuition zu hören, auf unsere Träume zu achten und unseren inneren Kompass zu finden.

Ihre Lehren haben die Kraft, selbst unser hochmodernes, technisiertes Leben zu bereichern, indem sie uns inmitten der Hektik innehalten lassen, uns dazu auffordern, uns wieder auf uns selbst und das zu konzentrieren, was wirklich wichtig ist. Diese magische Zeit öffnet uns einen Raum, in dem wir uns selbst entdecken können, in dem wir wieder mit der Natur in Einklang kommen und die Schönheit und Einzigartigkeit des Augenblicks erspüren können.

Die Rauhnächte sind mehr als bloße Traditionen oder Aberglaube. Sie sind ein Spiegel unserer eigenen Reise, eine Gelegenheit zur Selbstreflexion und zur Neuausrichtung unserer Ziele. In der Magie der Dunkelheit und der Stille können wir uns mit unseren tiefsten Wünschen und Ängsten auseinandersetzen, alte Bürden loslassen und den Weg für Neues ebnen. Diese Nächte sind wie ein heiliger Raum, der es uns ermöglicht, uns selbst neu zu definieren und unser Leben bewusster zu gestalten.

Die tiefe und wertvolle Bedeutung dieser geheimnisvollen Tage und Nächte zwischen den Jahren für unser mentales und emotionales Wohlbefinden und unsere spirituelle Entwicklung kann gar nicht hoch genug eingeschätzt werden.

Auf der rein körperlichen Ebene erlauben uns die Rauhnächte, uns von physischen Anspannungen zu befreien. Die Rituale des Räucherns, der Reinigung und des Loslassens wirken wie eine erfrischende Brise, die belastende Energien vertreibt und Raum für eine neue Leichtigkeit schafft. Der bewusste Kontakt mit der Natur in winterlicher Stille unterstützt unsere körperliche Vitalität und gibt uns die Möglichkeit, uns vom Stress des Alltags zu erholen.

Auf mentaler Ebene bieten die Rauhnächte einen Raum der Ruhe und Besinnung. Durch Rituale des Journaling, des Meditierens und des bewussten Innehaltens können wir unsere Gedanken sortieren, unseren Geist beruhigen und innere Klarheit gewinnen. Das Loslassen von alten Mustern und hinderlichen Gedanken öffnet Türen zu einem frischen Denken und klaren Blick auf unsere Ziele.

Auf emotionaler Ebene ermöglichen uns die Rauhnächte, uns mit unseren tiefsten Gefühlen auseinanderzusetzen. Das Erkennen und Akzeptieren von Emotionen, die vielleicht verborgen waren, kann eine heilende Wirkung haben und uns zu einem tieferen Verständnis für uns selbst führen. Die Rituale des Vergebens und Loslassens helfen uns dabei, emotionale Lasten abzulegen und Raum für Heilung und Wachstum zu schaffen.

Und zu guter Letzt öffnen die Rauhnächte uns auf spiritueller Ebene eine Tür zu einer tieferen Verbindung mit dem Universum und den kosmischen Kräften. Die Stille und die

Dunkelheit dieser Nächte erlauben es uns, unser inneres Selbst besser wahrzunehmen und die subtilen Energien um uns herum zu spüren. Die Zeit des Orakels und der Introspektion machen es möglich, verborgene Botschaften und Weisheiten aus der geistigen Welt zu empfangen.

Möge die Magie der Rauhnächte auch in uns weiterleben, uns auf unserem Weg begleiten und daran erinnern, dass wir alle nur ein Teil eines größeren Ganzen sind. In der Verbindung mit unseren Ahnen, in der Verbundenheit mit der Natur und in der Entfaltung unseres inneren Wachstums können wir das neue Jahr mit einem erneuerten Geist und einem erweiterten Bewusstsein begrüßen.

> Bleibe realistisch in deinen Erwartungen an die Rauhnächte. Suche nicht nur nach den ganz großen, außergewöhnlichen Träumen und Visionen, sondern nutze diese besonderen Nächte auch dazu, um kleine Veränderungen in deinem Verhalten und Denken anzustoßen - auf dem Weg zu deinen ganz großen Träumen und Wünschen.

Kleine Veränderungen sind nicht nur nachhaltiger, sie lassen sich auch viel leichter realisieren. Große Visionen erfordern zur Umsetzung viel Kraft und Zeit. Sie lassen sich nur schwer in den Alltag integrieren und ein Scheitern ist wahrscheinlich.

Starten wir also wie unsere Ahnen mit Vorfreude und voller Energie ins neue Jahr und nutzen die Weisheit der Rauhnächte als Wegweiser für kommende Chancen und Herausforderungen.

# Weiterführende Informationen

Um ein noch tieferes Verständnis der Rauhnächte und der damit verbundenen Bräuche und Rituale zu erlangen, gibt es verschiedene weiterführender Informationen. Die Möglichkeiten reichen von der germanischen Mythologie bis hin zu praktischen Übungen, von Traumdeutung bis zur Kunst der Vergebung. Wir haben die wichtigsten Aspekte an dieser Stelle zusammengestellt. Diese vertiefenden Informationen können dir helfen, das reiche Erbe der Rauhnächte nochmals weiterzuerforschen und in deinen eigenen Weg der persönlichen Entwicklung zu integrieren.

## Germanische Bräuche und Rituale

Von besonderem Wert ist das Wissen über die Bräuche und Rituale der Germanen, die in Verbindung mit den Rauhnächten standen. Dieses Wissen vermittelt ein tieferes Verständnis für die historische Bedeutung dieser Zeit. Unter dem Stichwort „Germanische Mythologie" finden sich zahlreiche Standardwerke, die einen umfassenden Einblick in die Mythologie, Bräuche und Rituale und Weisheiten bieten.

## Mythologie und Folklore

Die kulturellen und regionalen Unterschiede in den Ritualen und Bräuchen der Rauhnächte erlauben einen faszinierenden Einblick in die Vielfalt menschlicher Traditionen und die kreativen Wege, wie verschiedene Gemeinschaften die mystische Zeit der Rauhnächte interpretiert haben. Diese Unterschiede ermöglichen es, das Verständnis für die Rauhnächte zu erweitern und ihre Bedeutung in verschiedenen Zusammenhängen zu erfassen.

## Kräuterkunde

Sehr interessant ist Kräuterkunde nicht nur mit Blick auf die traditionell in den Rauhnächten für Räucherungen und Reinigungsrituale verwendeten Holze, Harze und Kräuter. Insbesondere die heilenden Eigenschaften und wie Kräuter richtig eingesetzt werden, stellt ein nützliches Wissen auch für den modernen Alltag dar. Die weltweit bekannteste Kräuterkundige ist die heilige Hildegard von Bingen. Sie befasste sich ausgiebig mit Kräuterkunde. Ihre Beiträge sind bis heute geschätzt und haben einen nachhaltigen Einfluss auf die moderne Naturheilkunde und Phytotherapie, also die Heilung, Linderung und Vorbeugung von Krankheiten durch Arzneipflanzen.

## Traumdeutung

Die Welt der Traumdeutung ist ein faszinierendes Wissensgebiet, das zu erkunden sich garantiert lohnt. Die Rauhnächte gelten als eine Phase, in der Träume eine tiefere symbolische Bedeutung tragen können. Um die Bedeutung der Botschaften und Symbole in den Rauhnachtsträumen besser zu entschlüsseln, kann es sehr nützlich sein, sich intensiver mit der Kunst der Traumdeutung zu beschäftigen. Auch zu dieser Thematik gibt es unzählige Bücher, wissenschaftliche Abhandlungen, Workshops und Seminare.

## Astrologie und Horoskope

Für Menschen, die sich mit Astrologie und Horoskopen beschäftigen, kann es sehr interessant sein, die astrologischen Aspekte der Rauhnächte und deren Einflüsse auf das persönliche Horoskop zu erkunden. Diese Verbindung zwischen den Rauhnächten und der persönlichen Astrologie ermöglicht es, eine noch tiefere Schicht der Bedeutung und Weisheit dieser besonderen Zeit zu erkunden.

## Meditationspraktiken

Es gibt Meditationspraktiken, die speziell auf die Rauhnächte ausgerichtet sind. Praktiken wie zum Beispiel die „Reise durch die 12 Nächte“ sind darauf ausgerichtet, die mystische Energie der Rauhnächte zu nutzen, um tiefere Einsichten, Erkenntnisse und Verbindungen zu erlangen. Sie ermöglichen es, bewusst auf die spirituellen Qualitäten einzelner Rauhnächte einzugehen und sie als Zeit der intensiven Selbstreflexion und inneren Einkehr zu erleben.

## Rituale der Vergebung

Vergebung ist eine kraftvolle Möglichkeit, emotionale Lasten loszulassen und inneren Frieden zu finden. Allerdings fällt Vergebung niemandem leicht. Es gibt indes verschiedene Rituale und Techniken, die Vergebung erleichtern. Neben dem erwähnten Vergebungsbrief können das auch Meditationstechniken, spezielle Zeremonien, ein Gebet oder Mantra oder andere Rituale sein. Das Wissen um diese Rituale reicht weit über die Rauhnächte hinaus. Sie fördern auch im Alltag das Wohlbefinden, die emotionale Gesundheit und unterstützen eine positive Lebensgestaltung.

### Naturverbindung

Die Rauhnächte sind eine inspirierende Zeit, die uns dazu auffordert, in der Natur zu sein und die tiefere Verbundenheit mit der Natur wieder zu spüren. Diese Verbundenheit lässt sich durch das Wissen über lokale Pflanzen, Tiere und Ökosysteme verstärken. Die intensive Beschäftigung mit der heimischen Natur eröffnet die Möglichkeit, tiefere Einblicke in die Schönheit und Komplexität der Welt um uns herum zu gewinnen.

### Achtsamkeit

Mit Blick auf die Rauhnächte kann Achtsamkeit eine besonders wertvolle Praxis sein, um die mystische Atmosphäre und die eigenen inneren Erfahrungen bewusst wahrzunehmen. Sie kann helfen, die Bedeutung der Rituale und Reflexionen in ihrer ganzen Tiefe zu erfassen und eine tiefere Verbindung zur eigenen spirituellen Entwicklung herzustellen.

# Adressen und Veranstaltungen rund um die Rauhnächte

Es gibt eine Vielzahl von Veranstaltungen zu den Rauhnächten in Deutschland, Österreich und der Schweiz. Einige der interessantesten seien hier aufgeführt. Anzumerken ist, dass in vielen Gegenden zwischen Perchten und Krampus kaum noch ein Unterschied gemacht wird. Die Perchten- und Krampus-Umzüge haben sich längst vermischt.

**Berchtesgadener Land, Bayern:**

In dieser Region werden die Rauhnächte traditionell mit zahlreichen Perchten- und Krampusläufen begangen. Dabei ziehen verkleidete Gestalten von Haus zu Haus, um Glück und Segen für das kommende Jahr zu bringen.

**Allgäu, Bayern:**

Im Allgäu heißen die verkleideten Gestalten, die mit lauten Glocken durch die Straßen ziehen, um die bösen Geister zu vertreiben, „Klausen“ und die Veranstaltungen dazu das „Klausentreiben“.

## Wien, Österreich:

In Österreich zählen die Perchtenläufe zu den bekanntesten Rauhnachtstraditionen, die in vielen Städten und Gemeinden ausgetragen werden. Der größte Perchtenlauf findet alljährlich in Wien statt. In Salzburg, Nieder- und Oberösterreich sind es eher die Krampusumzüge, die um den 6. Dezember stattfinden.

## Küssnacht, Schweiz:

Das Küssnachter Klausjagen zieht jedes Jahr tausende Besucher nach Küssnacht am Rigi am Vierwaldstätter See ebenfalls um den 6. Dezember herum an. Dabei jagen sogenannte Klausjäger St. Nikolaus.

# Häufig gestellte Fragen

**Welche Bedeutung haben die Rauhnächte in verschiedenen Kulturen und Traditionen?**

Die Rauhnächte haben in verschiedenen Kulturen symbolische Bedeutungen und dienen als Brücke zwischen dem alten und neuen Jahr.

**Welche mythologischen Figuren, Geister und Dämonen sind mit den Rauhnächten verbunden?**

Geister, Dämonen und andere Figuren der Mythologie sind oft mit den Rauhnächten verbunden, symbolisieren den Übergang und warnen vor negativen Einflüssen.

**Wie können die Rauhnächte für persönliches Wachstum, Selbstreflexion und spirituelle Entwicklung genutzt werden?**

Die Rauhnächte bieten eine Zeit der Selbstreflexion, der Innenschau und des Loslassens, um gestärkt und gereinigt ins neue Jahr zu starten.

**Welche Rituale und Bräuche können während der Rauhnächte praktiziert werden?**

Räuchern, Orakel, Träume deuten und Vergebung praktizieren sind einige der traditionellen Rituale, die in dieser Zeit durchgeführt werden können.

**Wie kann man digitale Auszeiten in den Rauhnächten umsetzen und warum ist das wichtig?**

Die dunkle und ruhige Zeit der Rauhnächte bietet sich an, um sich bewusst von digitaler Technologie zu lösen und innere Ruhe zu finden.

**Welche Bedeutung hat das Loslassen von Altem und das Schaffen von Platz für Neues?**

Das Loslassen von negativen Energien und alten Belastungen schafft Raum für Neues und fördert persönliche Entwicklung.

**Warum ist das Teilen von Erfahrungen und das Austauschen mit anderen in der Zeit der Rauhnächte sinnvoll?**

Teilen von Erfahrungen und Erkenntnissen mit Gleichgesinnten eröffnet neue Perspektiven und unterstützt spirituelles Wachstum.

**Was sind mögliche Methoden zur Traumdeutung und wie können sie die Rauhnächte bereichern?**

Durch die Kunst der Traumdeutung können verborgene Botschaften in Rauhnachtsträumen besser verstanden und für die persönliche Entwicklung genutzt werden.

# Mögliche Fehlerquellen, die du vermeiden kannst

Übermäßige Erwartungen: Erwartungen an übernatürliche Ereignisse und große Veränderungen können zwangsläufig zu Enttäuschung führen. Die Rauhnächte sind eine Zeit der Symbolik und Bedeutung und nicht unbedingt der spektakulären Ereignisse. Realistische Erwartungen an symbolische Bedeutung und innere Erkenntnisse sind sinnvoller als Erwartungen an übernatürliche Phänomene.

**Zu viel Ablenkung:**

In unserer hektischen Zeit kann es schwierig sein, sich wirklich auf die Rauhnächte einzulassen. Eine zu technologieintensive Rauhnachtszeit kann die Verbindung zur spirituellen Tiefe mindern.

**Mangelnde Kontinuität:**

Die Lehren der Rauhnächte können das ganze Jahr über angewendet werden. Ein Fehler wäre es, nach den Rauhnächten alles wieder zu vergessen und die Erkenntnisse aus den Rauhnächten nicht in den Alltag zu integrieren.

**Unrealistische Ziele:**

Die Rauhnächte sind keine Zeit, um plötzlich alle Probleme auf einmal zu lösen. Es ist wichtig, sich realistische Ziele zu setzen und diese in kleine Schritte sinnvoll einzuteilen.

Überinterpretation von Träumen: Träume können symbolische Bedeutungen haben, die nicht immer wörtlich zu verstehen sind. Übermäßige Interpretation kann zu unnötigem Stress oder Fehlentscheidungen führen.

**Angst vor negativen Vorzeichen:**

Ein falsch interpretierter Traum oder ein unklarer Hinweis in einem Orakel können zu unnötiger Besorgnis führen, wenn man glaubt, dass sie unvermeidliche negative Ereignisse vorhersagen und die symbolische Bedeutung völlig fehlinterpretiert. Gerade in der Traumdeutung ist es wichtig, persönliche Zusammenhänge zu berücksichtigen.

Übermäßiges Vertrauen in Vorhersagen: Sich zu stark auf Orakel oder Vorhersagen zu verlassen, kann dazu führen, dass man wichtige Entscheidungen aus der Hand gibt und seine eigene Intuition vernachlässigt.

**Fixierung auf negative Vorhersagen:**

Wenn Orakel oder Träume negative Aspekte hervorheben, ist es wichtig, nicht nur auf diese fixiert zu sein. Oft bieten sie auch einfach nur Anregungen zur Veränderung und zum Wachstum.

**Fehlende kritische Betrachtung:**

Sich zu sehr auf die Richtigkeit von Orakeln zu verlassen oder jeden Traum für eine unumstößliche Botschaft zu halten, kann zu irrationalen Entscheidungen führen.

**Mangelnde Selbsterkenntnis:**

Beim Deuten von Träumen oder beim Befragen von Orakeln ist es wichtig, seine eigenen inneren Impulse zu kennen und zu verstehen, um nicht blind auf äußere Zeichen zu vertrauen.

# Haftungsausschluss

Dieses Buch dient der Information und ist als Anregung zu verstehen, Menschen informatives und hilfreiches Wissen zu vermitteln. Die Informationen in diesem Buch wurden sorgfältig recherchiert und zusammengestellt. Trotzdem können Fehler und Unklarheiten nicht vollständig ausgeschlossen werden. Autorin und Verlag übernehmen keine Haftung für die Richtigkeit, Vollständigkeit und Aktualität der bereitgestellten Informationen. Alle Angaben in diesem Buch erfolgen daher ohne Gewährleistung oder Garantie seitens der Autorin sowie des Verlages. Die Nutzung der Inhalte des Buches erfolgt auf eigene Gefahr des Lesers. Eine Haftung der Autorin bzw. des Verlages und seiner Beauftragten für Personen-, Sach- und Vermögensschäden ist daher ausgeschlossen.

Für eventuell enthaltene Links auf Webseiten Dritter können wir keine Haftung übernehmen, da wir auf deren Inhalte keinen Einfluss haben.

# Impressum

1. Auflage 2023


Bibliografische Information der Deutschen Nationalbibliothek
Die Deutsche Nationalbibliothek verzeichnet diese Publikation in der Deutschen Nationalbibliografie; detaillierte bibliografische Daten sind im Internet über http://dnb.d-nb.de abrufbar.

Umschlaggestaltung: Detlef Schmitz / www.schmitz-mediengestaltung.de
Satz und Layout: Eswari Kamireddy (Fiverr.com)
Lektorat: The AuthorEdit - Tiziana Olbrich
Umschlagmotiv, Grafiken und Illustrationen: Adobe Stock ©2ragon, © Juha Saastamoinen, Depositphotos ©alexblacksea, ©Croisy, ©Danussa, ©evoke-city, ©goldenshrimp, ©Irina_Katunina, ©istryistry, ©kaiwut, ©kamenuka, ©Morphart, ©nookphoto@mail.ru, ©nurofina, ©onot, ©unorobus.gmail.com, ©Valiva, ©Yuliia25
Herausgeber: Töndart Verlag

ISBN 978-3-9824775-3-4 (Paperback)
ISBN 978-3-9824775-4-1 (Hardcover)
ISBN 978-3-9824775-5-8 (e-Book)

Die Autorin wird vertreten durch:

Töndart Verlag - ein Imprint von:
Petra Röser c/o Block Services
Stuttgarter Str. 106
70736 Fellbach
Deutschland
E-Mail: Toendart_Verlag@web.de

Printed by Amazon Italia Logistica S.r.l.
Torrazza Piemonte (TO), Italy

53325881R00082